공룡화석 대탐험

대한과학진흥회 엮음

스완미디어
SWAN MEDIA

책 머리에

오늘날 우리들은 고도로 발달된 과학 문명의 혜택 속에 살고 있습니다.

우리의 선진 조국 창조를 위해 무엇보다 중요한 것이 과학 기술의 개발입니다. 특히 자원이 부족한 우리나라에서 가꾸어야 할 유일한 자원은 과학 기술로 무장한 풍부한 인력 자원입니다.

대한 과학 진흥회에서는 배우는 학생들을 위해 사물을 깊이 관찰하는 습관과 합리적이고 창의적인 과학적 사고를 심어 주기 위한 방법의 하나로 과학 문고를 엮어 내고 있습니다.

과학 문고를 펴냄에 있어서 딱딱한 과학지식을 그림을 곁들여 쉽고 재미있게 이야기로 풀어 써서 학생들이 스스로 원리를 발견하고 재미를 느끼게 함으로써 과학의 여러 분야에 대하여 흥미를 갖고 접근할 수 있도록 하였습니다.

이 책과 더불어 많은 학생들이 과학에 깊은 관심을 갖고 탐구심과 창의력을 기르며 과학을 생활화 할 줄 아는 사람이 되는데 많은 도움이 되었으면 하고 바라는 마음 간절합니다.

기획편찬 **대한과학진흥회**

차례

약속

비바람 몰아치는 소리가 요란스럽게 지붕을 두드리며 지나갔다. 해리네 작은 집은 마치 날아갈 것같이 심하게 흔들렸다. 창문은 계속 덜컹덜컹 소리를 냈다.

해리는 거칠게 몰아치는 가을 폭풍우소리에 여러 번 잠을 깼다. 성난 듯이 날뛰는 파도가 바닷가 조약돌을 모조리 퉁겨 올리는 듯했다.

새벽 일찍 해리는 잠자리에서 살그머니 빠져나왔다. 다락방의 작은 창문으로 하얗게 부서지는 은빛파도가 보였다. 그 파도에는 이제 조약돌을 튕겨 올릴만한 힘은 없어 보였다. 단지 장난스럽게 바닷가의 조약돌을 찰싹찰싹 적실 수 있을 뿐이었다.

해리는 어제 오후에 아버지께서 말씀하셨던 것이 떠올랐

다.

"해리야, 내일 날씨가 개이면 오빠와 함께 돌동물 줍기에 데리고 가마. 그러면 이 아빠가 멋진 돌동물을 어디서 찾아내는지 너희들도 알 수 있게 될거야."

해리는 재빨리 옷을 갈아입고 금이 간 작은 거울 앞에서 머리를 빗었다. 아직 어두운 방 한쪽 구석엔 낡기는 했지만 검은 색의 긴 털양말과 비닐장화가 잘 손질되어 놓여 있었다. 해리는 그것을 다시 한 번 확인한 후 좁고 어두운 복도를 가볍게 뛰어 부엌으로 들어갔다.

부엌 난로엔 장작이 활활 타오르고 있었다. 흔들거리는 불길과 장작 타는 냄새가 부엌에 가득했다.

어머니는 그 위에 올려진 큰 냄비 속의 음식을 젓고 있었다. 끓고 있는 음식에서는 고소한 냄새가 풍기고 있었다.

해리가 부엌으로 뛰어들자 어머니는 돌아보며 미소시었다. 아버지는 어느 새 일어나셔서 외출복 차림으로 난로 바로 옆에서 몸을 녹이고 있었다.

식탁 위엔 아직 아무것도 준비되어 있지 않았다.

해리는 재빨리 선반 위에서 나무로 된 네 개의 그릇과 숟가락을 내려 식탁 위의 제자리에 놓았다. 그리고 키가 크고 야윈 아버지 옆에 바싹 다가앉으며 어머니가 듣지 못하도록 작은 목소리로 속삭였다.

"어젯밤의 폭풍우는 정말 굉장했어요, 아빠! 그런데 오늘 우리 돌동물을 주우러 갈 수 있을까요?"

그러나 해리의 속삭임을 어머니가 듣고 말았다.

아버지가 미처 대답하기도 전에 어머니가 휙 돌아서며 말했다.

"당신, 그 시시한 돌을 주우러 바닷가에 또 나가실 거예요? 우리는 가난해요. 가난한 집 아이들이 그런 돌멩이나 주우려고 시간을 낭비할 수는 없다구요. 돌동물 같은 걸 줍는 취미는 돈과 시간이 남아 도는 부잣집 사람들이나 할 일이라구요. 더구나 당신은 그렇게 먼 곳을 걸어선 안 돼요. 차가운 바닷바람 속에 무거운 돌멩이를 들어 나르다 혹시라도 당신……."

그 때 해남이가 잠이 덜 깬 얼굴로 부엌으로 들어서며 말했다.

"폭풍우가 거의 그친 것 같죠, 아빠? 우리 돌동물 줍기……."

해남이는 말하다 말고 문득 어머니의 기분이 좋지 않음을 알아 차렸다.

“여보, 아이들이 돌동물을 찾아 내는 장소와 방법을 알아 두는 것도 좋은 일이오. 그런 것들이 언젠가는 아이들에게 큰 도움을 줄는지 누가 알겠소?”

해리는 걱정스런 눈길로 어머니를 바라보았다.

해리는 어머니께서 오늘 오빠와 자기가 아버지를 따라 바닷가에 나가는 일을 너무 반대하지 않기를 마음 속으로 빌었다.

아침 식사가 끝나자 아버지는 해리와 해남이에게 눈짓으로 작업실로 통하는 쪽문을 가리켰다. 아이들은 동시에 벌떡 일어났다. 어머니는 어이없다는 표정으로 미소지으며 아무 말도 하지 않았다. 세 사람은 나무 못에 걸린 웃옷을 재빨리 집었다. 차양 달린 모자를 쓰던 해리는 너무 흥분해서 손가락이 제대로 움직여지지 않아 끈을 매는 데 시간이 오래 걸렸다.

아버지가 마지막으로 망치며 끌이 든 주머니를 집어 들었을 때 어머니가 작은 꾸러미를 들고 부엌에서 나왔다. 그리고 아무 말 없이 엷게 미소지으며 그 꾸러미를 아버지에게 건넸다.

아버지가 웃으며 말했다.

"고맙소, 여보. 도시락이 있어야 한다는 것은 알고 있었구려."

세 사람이 밖으로 나섰을 때는 아직도 날이 어둑어둑했다. 그 때 생선 가게 집의 쫑이 꼬리를 치며 달려왔다.

"쫑, 미안해. 오늘은 너와 놀아 줄 틈이 없어."

그들은 작은 집들이 죽 늘어선 좁은 언덕길로 들어섰다. 길을 힘차게 뛰어 올라서 언덕 꼭대기에 있는 작은 교회에 이르렀다.

교회 바로 옆에는 바다 쪽으로 가는 길이 쭉 이어져 있었다. 드디어 그들은 바다 쪽으로 튀어나온 벼랑 끄트머리에 다다랐다.

세 사람은 벼랑에 붙어 있는 덤불 투성이의 가파른 비탈길을 헤치고 마침내 자갈 투성이의 바닷가에 닿았다.

그 곳을 지나자 곧 파도 무늬가 새겨진 진흙 바닷가가 눈앞에 넓게 펼쳐졌다. 그것은 바닷물이 천천히 빠질 때 생기는 자국이었다. 이 진흙으로 된 바닷가는 걷기가 훨씬 편했다. 세 사람은 동쪽을 향해 걸음을 바삐 서둘렀다.

이번에는 미끈거리는 평평한 바위 밭이 펼쳐졌다.

비위에는 갈색 바다 풀이 달라붙어 바위 전체를 감싸고 있었다.

아버지가 해남이와 해리를 돌아보며 주의 깊게 말했다.

"얘들아 발 밑을 잘 봐라. 바다 풀은 매우 미끄럽단다. 그러니까 여기선 천천히 조심해서 걸어야한다. 한 걸음 한 걸음씩, 이렇게 말이지."

아버지는 해남이와 해리 앞에서 조심조심 몇 발자국 걸어 보였다.

동쪽 수평선에 은빛 광선이 솟아올랐다. 세 사람은 곧 금빛으로 반짝이는 모래가 펼쳐진 널따란 모래펄에 다다랐다.

"이 곳은 걷기가 참 편해요. 이런 곳만 있다면 얼마든지 빨리 걸을 수 있겠어요. 그렇죠, 아빠?"

해리가 아버지의 손을 잡으며 주위를 두리번거리고 있는 해남이를 손짓해 불렀다.

왼쪽으로는 꺼먹 바위 절벽이 깎아지른 듯이 높이 솟아 있었다. 도저히 사람이 다가갈 수 없을 듯한 그 벼랑은 바닷가를 따라 죽 이어져 있었다.

아버지는 엄격한 눈빛으로 아이들에게 말했다.

"너희들 절대로 저 벼랑 가까이에 바싹 가면 안 된다. 저 벼랑은 보기만큼 단단하지가 않단다. 더군다나 폭풍우 뒤에는 벼랑 꼭대기의 바위가 젖어있기 때문에 언제 어디서 갑자기 무너져 내릴런지 알 수 없단다."

해리와 해남이는 두려운 눈빛으로 까마득한 벼랑을 올려다보았다.

해리가 말했다.

“폭풍우가 지나간 다음이라서 아빠가 돌동물 줍기에 데려가지 않으면 어쩌나 걱정했어요.”

아버지는 해리를 보고 웃으며 다정하게 말했다.

“그랬어? 괜한 걱정을 했구나. 돌동물 줍기엔 폭풍우 온 뒤가 가장 좋은 때란다.”

해리와 해남이는 의아스럽다는 얼굴로 입을 모아 물었다.

“정말이에요? 하지만 어째서 그렇지요?”

아버지는 저 멀리 바닷가를 쳐다보며 수수께끼 같은 말을 했다.

“이제 곧 알게 된단다. 그런데 얘들아, 우리 저 벼랑 쪽에서 되도록이면 좀더 떨어져 걷도록 하자……. 이 쪽 물가 가까이로 말이다.”

그 때 아버지의 주의를 기다리고 있었다는 듯, 한 무더기의 돌이 눈앞의 벼랑 쪽에서 와르르 소리내며 굴러 내렸다. 이어서 더 큰 바위 덩어리가 굴러내려 굉장한 소리를 내며 땅에 부딪쳤다. 그 충격으로 마지막엔 굉장히 크고 평평한 석회암이 천둥 같은 소리를 내며 땅에 떨어져 산산 조각으로 부서졌다.

잠시 동안은 먼지와 바위 조각만 뽀얗게 공중을 덮었다.

해남이가 긴장한 얼굴로 말했다.

"아까 하신 말씀 잘 알겠어요. 아빠!"

해리는 눈앞의 광경에 놀라 꼼짝 않고 선 채 해남이 말에 아무 말 없이 고개를 끄덕였다.

신기한 보물 찾기

"얼마나 더 가야 되죠?"

빨리 돌동물을 주워 보고 싶은 해리는 재촉하듯 아버지에게 물었다.

"꺼먹 바위 저 쪽에 검은 혀 같은 것이 보이지? 바로 저기가 흙모래와 바위가 무너져 떨어지는 곳이란다."

앞쪽을 보니 벼랑의 위에서 아래쪽까지 깊이 도려낸 듯한 곳에서 계속 검은 흙모래가 무너져 내리고 있었다.

"저기야, 바로 저기서 나는 훌륭한 돌동물들을 찾아 낸단다. 원래 돌동물은 벼랑의 딱딱한 바위 속에 숨어 있단다. 그리고 그것을 벼랑에서 파내는 일은 매우 위험하고 힘든 일이지. 그러나 폭풍우는 그 위험한 일을 대신 해 준단다. 나는 그 때를 기다리지. 그리고 파도가 쓸어가기 전에 무너진 바위 쪽으로 가는 거야. 그러면 많은 돌동물을 찾을 수 있단다. 그래서 나는 이 바닷가의 폭풍우를 기다린단다. 내 대신 아주 큰 일을 해내거든."

세 사람은 흙모래가 무너져 내린 곳에 도착했다.

해남이가 외쳤다.

"우와, 이 벼랑은 굉장히 높아요."

"얘들아. 흙모래 더미에 묻혀 있는 여러 가지 크기의 바위 조각들을 잘 보도록 해라."

세 사람은 흙모래 위를 여기저기 주의 깊게 살피기 시작했다.

"아빠, 오빠! 멋진 조가비예요. 진짜 암몬조개를 찾아 냈어요."

해리가 소리쳤다.

"그것을 '뱀돌'이라고 부르기도 한단다. 왜 그런지 알겠니?"

해리는 자신이 주운 손바닥만한 크기에 뱀이 또아리를 튼 듯 빈틈없이 새겨진 소용돌이 무늬의 암몬 조개를 넋잃은 듯 쳐다보았다.

한가운데의 작은 칸에서부터 마지막 가장 큰 칸까지 하나 하나가 뚜렷했다. 해리는 오다가 바닷가에서 집어 들었던 매끈매끈한 조가비와 비교해 보았다. 그것은 작은 칸칸도 잘 보이지 않았다.

"오랫동안 물결에 시달려 이가 빠지고 닳았기 때문이야. 이것은 버리거라."

아버지가 매끈매끈한 조가비를 가리켰다.

해리는 닳아버린 조가비를 바닷물에 던졌다. 그 때 해남 오빠가 진지한 얼굴로 물었다.

"아버지 이것이 뭘까요. 이 돌 말이에요. 갸름하고 한쪽 끝이 뾰족하게 생겼는데 매끈매끈해요."

"어디, 으응 바로 손가락 돌이로구나! 사람들은 '천둥의 사생아' 라고도 하는데 소나기와 함께 하늘에서 떨어졌다고 생각해서 그렇게 부른단다. 하지만 전혀 비바람이 몰아치지 않았을 때도 나는 그것을 곧잘 발견할 수 있었단다."

아버지는 그것은 별 가치가 없으니 버리라고 하셨다. 하지만 해리는 오빠가 주운 이 날씬하고 끝이 뾰족한 돌이 마음에 들었다. 어느 것이나 모두 깨어진 곳 없이 매끈한 것이 꼭 석필과 비슷했기 때문이었다. 그냥 버려 두면 파도에 쓸려 마침내 부서져버릴 것만 같았다. 해리는 아버지와 오빠 몰래 손가락 돌을 웃옷주머니에 집어 넣었다.

해리는 잠시 후 흙더미 속에서 금빛 나는 암몬조개를 찾았다. 해리는 금동물을 찾았다고 소리를 질렀다. 그러나 아버지는 놀라지도 않고 말했다.

"금은 그렇게 반짝거리는 노란색이 아니란다. 게다가 이 근처엔 금이 나오는 곳도 없어. 그것은 철광석의 일종이란다. 하지만 그것은 돌동물을 사려는 사람들에게 인기가 아주 좋지. 자, 집에서 가져온 이 헝겊에 잘 싸도록 해라. 그런 금빛 광석 암몬조개는 털이 송송한 솔로 벅벅 닦으면

빛이 더욱 번쩍거린단다. 집에 돌아가면 둘이 한번 해 보려무나."

해남이 오빠는 곧 새로운 돌동물을 찾아 냈다.

"굉장해요, 아빠! 요정의 하트처럼 생긴 건데 두 개나 있어요."

그것은 평평하고 매끄러운 하트 모양의 성게였다. 어느 돌에나 아름다운 선이 다섯 가닥씩 새겨져 있었다. 해남이는 해리에게 선뜻 한 개를 내 주었다.

그것은 손안에 쏙 들어가는 크기로 매우 예쁜 것이었다. 해리는 그것을 가만히 손에 쥐어 보았다.

그것을 통해 해남 오빠의 사랑이 느껴져 왔다.

아버지는 드디어 널빤지 같은 바위 조각 속에 많은 암몬 조개들이 묻혀 있는 것을 찾아냈다. 그것은 아직 하나하나 떨어져 있지 않은 것이었다.

"이처럼 들고 가기엔 바위가 너무 무겁거나 두꺼운 것도 있단다. 그럴 때는 바위를 세워 놓고 돌 끌과 망치로 하나하나 벗기듯 깨어나가는 방법이 있지."

아버지의 말대로 해리는 주위의 바위 조각을 골라 돌 깨는 연습을 해 보았다.

바위를 얇게 벗겨 내던 해리는 깜짝 놀랐다. 거기엔 작

은 암몬조개가 잔뜩 들어 있었다. 그리고 양쪽바위에 자국이 남아 있어 본래 있었던 모양까지도 자세히 알 수 있었다.

아버지가 감탄하듯 말했다.

"자연의 여신이 엉뚱한 곳에 정말 뜻밖의 보물을 감춰 두었구나."

"보물! 아빠, 보물이라는 말은 이 돌동물에 정말 어울리는 이름이에요. 오늘 우리는 바로 보물찾기를 하고 있는 거예요!"

아버지는 이렇게 외치는 해리를 보고 사랑스럽다는 듯 미소지으며, 말하셨다.

"밀물, 썰물에 대해서도 늘 생각해야 한다."

세 사람은 동시에 바다 쪽을 바라보았다. 바닷물은 아직도 저 멀리 있었다.

"저 둑이 뚜렷이 보이는 동안은 바닷물이 들어와 차려면 한참 있어야 한다는 표시란다."

아버지는 저 멀리 보이는 제방둑을 가리키며 조용히 말했다.

해리는 문득 눈부시게 빛나는 해를 보았다. 어느새 해는 머리 위에서 빛나고 눅눅한 잿빛 안개는 사라진 지 오래였다.

"아빠, 배고파요."

해남이가 말했다. 모두들 돌동물 찾기에 열중하느라 시간이 지나는 걸 잊고 있었던 것이다. 아버지는 간단한 김밥 도시락 꾸러미를 꺼냈다. 세 사람은 그대로 선 채로 재빨리 김밥을 먹었다.

점심 식사 후, 해리는 돌절구같이 생긴 신기한 돌 조각을 발견했다. 그것은 양옆의 한가운데가 도려내져 있었다.

'대체 무엇일까?'

해리가 고개를 갸웃거렸다. 그러자 아버지가 자세하게 설명해 주었다.

"그것은 척추(등골뼈로 이루어진 등마루)뼈란다."

"척추? 척추뼈가 뭐예요?"

"동물 등뼈와 같은 것이지. 아마 악어나, 또는 다른 동물의 것일지도 모르지."

"그럼 악어가 여기서 살았겠네요."

해리가 눈을 동그랗게 뜨며 놀란 표정을 했다.

"그랬겠지. 하지만 그 때가 언제였는지는 알 수 없단다."

해리는 그 작은 뼈를 뚫어지게 바라보았다. 악어가 이런 곳에 살았다니 믿을 수가 없었다. 악어는 아주 더운 곳에서만 살고 있는 것이었다. 게다가 그런 악어는 왜 또 바위 속에 갇혔고 돌이 되어 버렸을까?

"그것은 아무도 모른단다. 해리야, 그것이야말로 영원한 수수께끼지."

해리는 잠시 모든 것을 잊고 돌동물에 대한 신비한 수수께끼에 잠겼다.

해남 오빠는 물고기 비늘 자국이 나 있는 바위조각을 주웠다.

“돌물고기야. 돌물고기는 좀처럼 눈에 띄지 않는 것 중의 하나지. 여러 날 찾아 헤매도 겨우 하나 눈에 띌까말까란다. 물고기나 바다나리꽃을 찾아 낸 날은 운이 썩 좋을 징조야.”

아버지가 웃으시며 설명해 주었다.

”나는 돌물고기를 꼭 찾아 내고 싶어요.”

해남이가 말했다.

“그래, 어디선가 그 나머지 부분들을 찾아 낼 수 있을지도 모르지……. 오늘이 아닌 어느 날엔가 아니 영 못 찾을른지도 모르겠다. 돌동물 줍기란 바로 그런 것이니까.”

아버지는 몸을 돌려 바닷물 상태를 바라보았다.

밀물은 아까보다 훨씬 가까이까지 들어와 있었다.

마을 쪽의 둑 언저리에도 바닷면이 높아져 있었다.

“오늘은 이만 하자. 다음 일요일에 또 올 수 있을테니.”

바구니에는 어느 새 돌동물이 가득 찼다. 해리는 바닷물의 높이를 눈여겨 기억해 두려고 애썼다. 어느덧 세 사람은 꺼먹 바위의 가파른 벼랑에 닿았다. 두 아이는 철썩철썩 밀려드는 물가로 장난하듯 닿을락말락하게 걸어갔다.

바닷가의 작은 마을이 차츰 뚜렷이 보이기 시작했다. 세

사람은 저마다 생각에 잠겨 묵묵히 걷고만 있었다.

"어떻게 해서 쉽게 부서져 버리는 조가비들이 단단한 석회암이며 금빛 광석으로 변할까? 왜? 그리고 그것들은 언제 그렇게 된 거지? 몇십 년, 몇백 년? 이건 돌의 기적이야. 이 수수께끼를 풀 수 있는 사람이 있었으면……."

골똘히 생각하던 해리는 문득 아버지가 옆에 없다는 것을 깨달았다. 뒤를 돌아보았다. 아버지는 저만큼 뒤에서 주저앉아 있었다. 얼굴은 흰 종이처럼 핏기 없이 창백했다.

"아빠!"

해남이와 해리는 놀라서 급히 달려갔다.

"좀 쉬고 있을 뿐이다. 얘들아! 그저 쉬고 있을……."

아버지는 숨을 헉헉거리며 간신히 말했다. 이런 아버지의 모습이 처음은 아니었다. 그러나 그런 모습은 언제나 두렵고 무서운 일이었다.

이윽고 아버지의 숨소리가 차분해지고 얼굴에 핏기가 돌며 몸을 천천히 움직였다. 해남이는 아버지의 바구니를 함께 들고 해리와 함께 아버지를 부축해 천천히 걸어갔다.

"오늘 이 일은 아무에게도 얘기하지 않는거다. 알겠니?"

아버지는 두 아이의 눈을 번갈아 가며 찬찬히 바라보았다.

어머니는 길가로 난 창가에서 밖을 내다보고 있었다. 멀리 해리 일행의 모습이 나타나자 어머니는 곧 문을 열고 달려나왔다. 어머니는 걱정스런 얼굴로 문 앞에 서서 아버지와 아이들을 기다리고 있었다. 그리고 찬찬한 눈길로 남편의 얼굴을 살폈다.

어머니는 어느 정도 안도의 표정으로 아이들에게 눈길을 돌렸다. 그러나 곧 두 아이의 옷에 눈길이 멎는 순간 어머니의 안색이 달라졌다.

"너희들은 돌동물만 가지고 온 것이 아니로구나. 이렇게 파란 석회토층을 잔뜩 묻혀 왔으니 말이다."

그제서야 아이들은 자신의 옷이며 장화에 파란색의 진흙이 끈적하게 묻어 있다는 것을 깨달았다.

해리가 어머니의 야단치는 말에는 아랑곳없이 호기심 어린 표정으로 물었다.

"이 진흙을 뭐라 하셨어요?"

"'석회토층'이라고 한단다. 이 마을 부근 벼랑의 석회암과 이판암의 지층을 사람들이 토층이라고 부르기 때문이지."

아버지가 어머니 대신 설명해 주었다.

"지층을 왜 토층이라고 해요?"

해남이가 다시 물었다

"옛날 사람들이 지층을 토층이라고 잘못 부르고 있었기 때문이지. 자, 어서 씻도록 하자."

해리는 아버지와 오빠가 안 보는 틈을 타, 몰래 가져온 손가락돌을 작업실의 재목 더미 뒤의 어두운 구석에 재빨리 숨겼다. 그것들은 나중에 좀 더 안전한 곳으로 옮길 작정이었다. 해리는 아무도 눈치채지 못했을 거라고 생각했지만 아버지의 눈빛이 왠지 마음에 걸렸다.

"이젠 돌동물을 바닷가로 가져가거라. 그리고 솔을 가져다 너희들의 돌동물을 박박 씻어야 한다. 파란색 석회토층의 진흙은 여간해서 잘 떨어지지 않는단다."

해리와 해남이는 바닷가로 나와 돌에 묻은 진흙을 긁어내기 시작했다. 그 때 근처에서 놀고 있던 아이들이 몰려왔다.

"해리야, 뭘하고 있니? 그건 새로운 놀이니?"

"아니, 우리 돌동물을 씻고 있는 거야."

"돌동물이라고? 흥 그게 동물이야! 그냥 돌인데 뭘!"

해리는 그런 아이들을 거들떠보지도 않고 하던 일을 계속했다. 아이들은 큰 소리로 놀리기도 하고 저희들끼리 수군수군하더니 두 아이를 남겨두고 가버렸다.

"해리야, 괜찮지?"

해남이 오빠가 염려하는 표정으로 해리를 돌아보았다.

해리는 입술을 꼭 다물더니 이윽고 말했다.

"상관없어. 그 애들은 모두 바보야!"

해리는 오빠 몰래 윗주머니에 넣어두었던 손가락돌도 깨끗이 씻어 다시 주머니에 넣었다. 집에 돌아와서 해리는 손가락돌을 감춰 둘 곳을 찾았다.

해리는 현관 옆의 작은 방으로 들어갔다. 방의 한구석에 아름다운 조각이 새겨진 떡갈나무 옷궤가 하나 있었다. 해리는 무거운 뚜껑을 간신히 들어 올렸다. 그 안에는 담요와 옷감들이 들어 있었다. 해리는 옷감들 사이로 손을 밀어 넣어 그 한쪽 구석에 매끈거리는 손가락돌을 집어 넣으며 생각했다.

'아무도 보물을 숨기기에는 이보다 더 좋은 곳은 찾아내지 못할 거야.'

해리에겐 그 날 이후로 다음 일요일만을 기다려야 하는 엿새 동안 두 가지 즐거운 일이 있었다. 그 하나는 아버지의 목수 작업실 밖 책상에 돌동물을 진열하는 것이었다. 아버지는 그 돌동물을 도시에서 오는 손님들에게 팔 것이었다. 해리는 아버지의 일을 돕는 것이 즐거웠다.

다른 하나는 해리가 집에 있을 때 도시에서 오는 손님들을 태운 버스가 해리네 집 앞을 지나 아래의 여관에 멈췄을 때 일어났다. 어떤 부인이 그 때 지나가며 아버지의 테이블을 보았던 것이다. 그 부인을 따라 버스의 손님들은 언덕 비탈길을 걸어 무엇이 늘어 놓여 있는지를 보러 왔다.

"어머나 신기해라!"

한 부인이 그 중의 하나를 집어 들어 보며 나직이 감탄했다.

"돌동물이에요. 우리 아빠가 바닷가에서 찾아 낸 것이에요."

해리가 수줍은 표정으로 설명했다.

"바다의 생물 같은데……. 그럴 리는 없겠지요? 돌이니까."

아름다운 부인이 옆에 서 있는 신사에게 물었다.

"아녜요, 그렇지 않아요. 바다의 생물인걸요."

해리는 급히 말했다.

"하지만 어떻게 돌이 되었을까?"

다른 부인이 혼자말처럼 중얼거렸다.

"그건 아무도 모를 거예요."

아름다운 부인이 말했다.

부인과 신사들은 감탄하면서 저마다의 기념품을 하나씩 골랐다. 그들은 얼마 안 되는 적은 돈을 치르고 그것을 살 수 있었다. 해리네의 돌동물은 어느새 모두 팔려 버렸다.

"일요일에 다시 돌동물을 줍기로 한 것은 참 잘한 것 같아요, 아빠!"

해리가 빈 책상 위를 치우는 아버지에게 생글거리며 말했다.

마침내 토요일 밤이었다. 자신의 책상 앞에 앉은 해리는 돌동물 주울 일을 생각하니 아무것도 손에 잡히지 않았다. 지난 일주일의 모든 지루한 일들을 해리는 일요일만을 생각하며 참아냈던 것이다. 그때 안방에서 엄마의 화난 목소리가 들려왔다.

"해리야, 너 몹쓸 짓을 했구나."

어머니는 몹시 화가 나서 달려왔다.

"허락도 없이 내 옷궤 속에 그런 진흙투성이 돌을 넣다니. 어이가 없구나. 그것은 증조할머니께서 내게 주신 오직 내 하나뿐인 보물이야."

'엄마 그 돌도 제겐 보물인걸요.'

해리는 마음 속으로 그렇게 생각했으나 말하지 않았다. 그 때 집안의 시끄러운 소리를 듣고 작업실에서 아버지가 나타났다. 어머니의 얘기를 듣고 난 아버지는 다정한 눈빛을 하며 해리에게 말했다.

"해리야, 엄마의 소중한 궤에 몰래 돌을 감춘 것은 잘못이야. 왜 아빠한테 묻지 않았니?"

해리는 아버지의 얼굴을 빤히 바라보았다. 그리곤 눈물

어린 목소리로 말했다.

"아빠는 그 돌을 버리라고 하셨잖아요."

"그랬지. 네가 그렇게 그 돌을 갖고 싶어하는 줄은 아빠는 몰랐다. 하지만 네가 그 돌을 감춰 온 것은 알고 있었단다."

어머니는 엄격한 표정으로 해리에게 말했다.

"그 벌로 해리는 내일 돌동물을 주우러 갈 수 없어요."

해리는 마침내 울음을 터뜨리고 말았다. 얼마나 애타게 기다렸던 일요일이었던가.

그 말을 듣고 있던 아버지와 오빠도 아무 말 없이 고개를 떨구었다.

어머니는 잠시 가만히 서 있는 그들을 바라보더니 누그러진 음성으로 말했다.

"알았다. 내가 좀 심했던가 보구나. 그렇지만 해리야, 다음부턴 몰래 감추는 것은 하지 않겠다고 약속해. 그리고 이 돌을 두어야 할 곳을 아빠께 상의하도록 하렴."

해리의 손가락돌은 이제 작업실의 작은 서랍 속에 소중히 간직되었다.

아침부터 해가 밝게 빛나고 있었다. 그러나 하루에 한 시간씩 바닷물 빠지는 시각이 늦어지기 때문에 그들은 지

난 번처럼 새벽 일찍 떠날 수 없었다.

이번에는 세 사람 모두 각자의 바구니와 망치, 끌을 준비했다. 언덕을 넘어 벼랑 끄트머리에 이르자 하늘과 같은 빛깔의 바다가 눈부신 햇빛 아래 물결치고 있는 것이 보였다.

"따뜻한 햇볕, 이 시원한 바다 냄새. 아빠 이렇게 밖에 나올 수 있다는 건 정말 멋진 일이에요."

아버지는 해리의 말에 부드러운 눈빛으로 고개를 끄덕였다.

그 날 아침도 어머니는 아버지가 바닷가에 나가는 것을 불안해 하고 있었다. 아버지의 얼굴빛이 아주 나빠 보였기 때문이었다.

해리도 지난번의 일을 생각하고 걱정이 되었다. 어머니에게 그 날 일을 말했어야 했을까?

아버지는 해리의 마음을 읽기라도 한 듯 큰 소리로 말했다.

"여보, 나는 아무렇지도 않아. 걱정하지 말아요. 빨리 가야 되오. 시간이 급해."

아버지는 해리의 머리를 쓰다듬었다. 이윽고 해리도 마음을 정했다.

세 사람은 자갈 투성이의 길을 가로질러, 물결 무늬가 새겨진 진흙의 바닷가에 이르자 동쪽을 향해 걸어갔다. 해남 오빠는 갈색의 바다 풀로 미끈거리는 평평한 바위 위에서 장난을 치다 벌렁 넘어져서 엉덩방아를 찧었다. 해리와 아버지는 그것을 보고 깔깔거리며 큰 소리로 웃어댔다.

그들은 곧 모래펄에 도착했다. 꺼먹 바위 근처의 벼랑에선 좀 떨어져서 걸었다. 벼랑 바로 밑은 무너지는 바위 때문에 위험했기 때문이었다.

드디어 거무스름한 흙더미가 무너져 내린 곳에 도착했다.

'저 속에 보물이 숨겨 있다는 걸 사람들은 몰라.'

해리는 생각에 잠긴 표정으로 말했다. 해리는 바닷가에 흩어져 있는 바위 조각을 계속 살피며 걸었다. 암몬조개의 무늬가 눈에 띄었다. 그걸 주우려던 해리는 깜짝 놀랐다. 그것은 지난번에 바다에 던져버린 다 닳아버린 암몬조개였다.

"바다가 되돌려 보냈구나"

해리는 화가 나서 물가까지 걸어간 다음 있는 힘을 다해 지난번보다 훨씬 더 멀리 던졌다. 다시는 돌아올 수 없도록.

일을 막 시작하려고 할 때 아버지께서 조용히 말했다.

"이번엔 너희들이 바닷물을 살피도록 해라. 그리고 돌아가야 할 때를 결정해 보는 거다. 돌동물을 줍기 위해선 반드시 잘 알아둬야 할 일이니까 말이야. 너희들이 잘 해낼 수 있는지 아빠는 보고싶구나"

해리와 해남이는 동시에 바다를 바라보았다. 바닷물은 저 멀리 물러나 있었다. 지금은 아무 걱정을 하지 않아도 될 것 같았다.

돌동물 줍기가 시작되었다. 그 날도 암몬조개가 가장 많이 발견되었다. 그러나 지난번에는 볼 수 없었던 색깔의 것을 몇 개 더 발견할 수 있었다. 암몬조개의 색깔은 옕은 우유빛에서부터 짙은 초콜릿빛에 이르는 것까지 다양했다. 한 개의 암몬조개 속에 두 가지 색이 들어 있는 것도 있었다. 해리가 말했다.

"이 우유빛 암몬조개는 마치 벌꿀 같아요. 이 짙은 것은 초콜릿이 생각나요. 아!, 좋은 생각이 났어요. 이걸 '벌꿀 초콜릿' 암몬조개라 부르는 거예요!"

해남이가 놀리듯 말했다.

"여자아이다운 이름이구나."

잠시 후 두 아이는 신나게 외쳤다. 비교해 보니 둘 다 똑같은 하트 모양의 성게였다. 둘은 마주보고 웃음을 터뜨렸다. 그러나 조금 뒤 해리가 자랑스럽게 외쳤다.

"아빠, 오빠! 바다나리예요. 줄기는 모두 두 가닥으로 갈라져 있는데 금빛 광석이에요. 브로치로 써도 되겠어요. 너무 예뻐요."

해리는 그 돌 조각을 자기의 옷에 대 보았다. 모두 그 멋진 돌동물을 홀린 듯 바라보았다.

그러나 잠시 후, 그들은 다시 돌동물 줍기에 열중하고

있었다. 이번엔 해남이가 흥분한 소리로 외쳐댔다.

"봐, 봐! 나는 돌물고기를 찾았어. 틀림없이 지난번에 찾은 것의 짝일거야."

세 사람은 머리를 맞대고 작은 돌 조각을 쳐다보았다.

그들은 정말 두 개를 함께 맞춰 보고 싶었다.

해리는 눈에 띄는 대로 손가락돌을 주웠다. 또한 갖가지 크기의 척추뼈들도 찾을 수 있었다.

"이것들은 모두 한 마리의 악어뼈였을까요?"

해리는 아버지에게 그것을 보이며 물었다.

"글쎄, 그럴 수도 있고 아닐 수도 있지."

아버지가 빙긋 웃으시며 대답했다.

그 때, 해리에게 멋진 계획이 떠올랐다.

"아빠, 이 척추뼈들을 한 마리의 악어 등뼈라고 생각하고 뼈들을 테이블 위에 나란히 맞추어 놓으면 어떨까요? 가장 작은 것을 꼬리에서부터 차례차례 늘어놓는 거예요."

"좋은 생각이구나, 해리야."

해리는 새로운 돌동물을 또 찾아 냈다. 그것은 전체가 활처럼 휘어 있었는데 크기는 해리의 엄지손가락만했다. 휘어진 곡선을 따라서 여러 개의 가느다란 선이 같은 간격으로 새겨져 있었다.

"이 예쁜 동물은 뭐지요, 아빠?"

"그것 말이냐? 악마의 발톱이로구나?"

아버지가 해리를 놀려주듯 말했다.

"정말 악마예요?"

해리가 겁난 표정을 했다.

"아니, 정말은 마합의 한 종류란다. 그런데 사람들이 악마의 발톱과 비슷하다고 해서 그렇게 붙인 이름이란다."

아버지가 설명해 주었다.

"그런데 사람들은 악마의 발톱이 이렇게 생겼는지 어떻게 알아요?"

"그러게 말이다. 허허-"

"아빠, 나는 살아 있던 동물들이 왜 석회암이나 금빛 광석으로 바뀌었는지 알고 싶어요. 언제 이것들이 여기에 살았는지 그리고 어떻게 되었는지. 모든 것이 너무너무 신기해요. 그 때도 사람들이 여기 살았을까요, 아빠?"

해리가 호기심 어린 얼굴로 아버지를 쳐다보았다.

"난, 사람 뼈를 발견한 적은 없었다. 이렇게 아주 오랜 유물에 대해서 우린 알 수가 없단다. 하느님만이 아실 뿐이지. 이런 일로 조그만 너의 머리를 복잡하게 하고 싶진 않구나. 하지만 요즘 과학자들은 이 땅 속까지도 연구하고 갖가지 옛날의 일들을 밝혀내려 하지."

"그것은 정말 재미있는 일일 거예요. 더구나 이런 바닷가에서라면……."

그 때, 해리는 바닷물을 살펴야 한다는 생각이 났다. 바닷물은 차츰 밀려오고 있었으나 아직은 더 돌동물을 주울 시간이 있었다.

문득 해남 오빠가 보이지 않는다고 생각한 순간, 멀리 흙모래 더미에서 소리가 들렸다.

"빨리 와 봐요! 굉장히 큰 암몬조개예요. 얼마나 아름답다구요."

"어머나 오빠! 정말 엄청난 '벌꿀 초콜릿' 암몬 조개야!"

해리가 뛰어가 쳐다보고는 손뼉을 치며 감탄했다.

"이건 정말 커다란 수레바퀴만하구나!"

그것은 눈이 휘둥그래질 만큼 크고 아름다웠다.

그 커다란 암몬조개의 바위 조각은 마치 사람이 톱으로 자른 듯 두 쪽으로 반듯이 갈라져 있었다. 그것은 쪼개진 안쪽 면이 바깥쪽 면보다 훨씬 선명한 색깔이었다.

또한 한가운데의 작은 방에서부터 포물선의 나선이 바깥쪽을 향해 아름답게 이어져 있었다. 게다가 각각의 움푹한 방에서 여러 개의 작은 크림 빛 수정 알맹이가 반짝거렸다.

모두 그 돌의 아름다움에 아무 말도 못하고 그저 우두커니 서 있었다.

입을 꽉 다문 채 그 커다란 돌동물을 물끄러미 바라보며 생각에 잠겨 있던 아버지가 이윽고 말했다.

"애들아, 좋은 생각이 떠올랐다. 이 쪼개진 바위를 좀 보렴. 우리가 이미 주운 암몬조개의 바위 조각에도 이런 아름다운 것들이 숨어 있을지도 모르겠구나. 대자연이 우리에게 보여 줬으니 우리도 한번 찾아보도록 하자. 이것은 끌 같은 걸로 자르면 안 돼. 조각조각 나면 안 되거든. 톱을 써서 돌을 똑바로 갈라야 할 것 같구나. 그렇게 하자면 매우 시간이 많이 걸리는 지루한 일일 거야. 하지만 우리 한 번 해 보는 거야. 멋진 장식품이 될거다."

"그래요. 아빠."

해리와 해남이도 감탄하여 고개를 끄덕이며 대답했다.

"그런데 이것은 너무 커서 집에까지 나를 수가 없겠다. 안타까운 일이기는 하지만 그냥 놔둘 수 밖에. 언젠가는 비가 내리고 폭풍우가 몰려와 흙더미 속에서 마저 끌어내겠지. 마침내 바닷물이 조금씩조금씩 깎아 먹고 말겠지만."

아버지의 '바닷물' 이라는 말에 해리는 갑자기 바닷물 상태를 살펴야 한다는 생각이 났다. 놀랍게도 바닷물은 그들 바로 가까이까지 밀려와 있었다.

"아빠! 벌써 바닷가가 거의 물에 잠겼어요."

해리는 다급하게 외치며 서쪽을 바라보았다.

"파도가 꺼먹 바위를 때리고 있어요! 이제 저기를 지나 돌아가야 해!"

해남이도 깜짝 놀라 외쳤다. 두 아이는 동시에 아버지를 쳐다보았다. 아버지는 돌동물이 든 바구니를 재빨리 들어 올리며 간단히 한마디했다.

"언덕을 올라가는 수밖에 딴 방법이 없겠다."

아버지는 몹시 서두르며 바닷가를 걸었다. 해리와 해남이는 아무 말도 하지 못하고 묵묵히 자기들의 바구니를 챙겨들고 아버지의 뒤를 바싹 따라갔다.

한참 동안 잠자코 걷기만 하던 아버지가 이윽고 숨을 돌리며 말했다.

"꺼먹 바위 언덕에는 아직 올라갈 만한 곳이 한군데 남아 있단다. 아주 가파르긴 하지만 못 오를 것도 없어."

아버지는 해리와 해남이의 얼굴을 돌아보았다.

가늘게 남겨진 바닷가는 마침내 벼랑 어귀 바로 앞에서 끊기고 말았다. 세 사람은 바닷물에 발목을 잠기며 재빨리 걸었다.

'아빠는 괜찮을까? 저런 가파른 곳을 잘 올라갈 수 있을까?'

해리는 바로 앞에 높이 솟아오른 벼랑을 불안한 눈으로 올려다보았다. 해리 앞의 바위는 흙과 풀로 엷게 뒤덮여 있었다. 세 사람은 길고 가파른 벼랑을 힘겹게 오르기 시작했다.

비탈은 뒤덮인 풀 때문에 부드러워 보였다. 그러나 그것들이 서로 뒤엉켜 매우 미끄러웠으므로 오르기는 한층 더 어려웠다. 햇볕은 사정없이 내리쬐었고 팔은 점점 아파왔다.

그들의 손은 날카로운 풀잎을 움켜잡거나 풀 속의 엉겅퀴 가시에 찔리고 해서 상처 투성이였다.

해리는 돌동물이 담긴 바구니가 차츰 무거워졌다. 게다가 손가락돌을 넣어 부푼 주머니가 자꾸 걸려서 아파왔다. 해리는 자꾸 위를 올려다보았다. 그렇지만 꺼먹 바위 꼭대기는 조금도 가까워져 보이지 않았다.

해리는 오빠를 보았다. 해남이의 손에서도 피가 흐르고 있었다. 느릿느릿한 해남이의 움직임에서 오빠 역시 애먹고 있다는 것을 알 수 있었다.

풀이 미끄럽고, 또한 든든한 발판이 없어서 그들은 쉴 수도 없었다. 오히려 조금씩이라도 움직여 올라가는 것이 좀더 나았다.

끝이 나올 것 같지 않는 벼랑.

해리는 반대 쪽을 바라보았다. 아버지의 모습이 보이지

앉았다. 목을 돌려 아래를 쳐다보았다.

아버지는 핼쓱한 얼굴을 하고 2~3미터 아래쪽에 있었다. 아버지는 몹시 괴로운 듯 숨을 몰아쉬며 간신히 돌틈 사이로 느릿느릿 발을 내딛고 있었다.

아버지의 그런 모습에 해리는 숨이 멎는 듯했다.

"오빠! 빨리!"

해리는 아주 다급하게 불렀다.

'여기서 아빠에게 무슨 일이라도 일어난다면…… 아! 안 돼. 우리가 바닷물을 좀더 주의해서 살펴만 봤어도…….'

해남이는 재빨리 벼랑을 움켜잡고 있던 손을 놓고 아버지가 있는 곳까지 미끄러져 내려갔다. 해리도 그 뒤를 따랐다.

두 아이는 우선 아버지의 돌동물을 자기들의 바구니로 옮겨 담았다.

그 다음 어떻게 했는지…….

두 아이는 자기들 바구니 뿐만 아니라 아버지를 밀기도 하고 잡아 끌기도 하며 끊임없이 위로만 올라가는 것이었다.

몸을 밀어 올리듯하며 세 사람은 계속 위쪽으로 위쪽으로 기었다. 벌써 몇 시간이나 오르고 있는 기분이었다. 그러나 괴로운 비탈은 끝이 없는 듯이 계속 이어지고 있었다.

마침내 눈앞에 아무것도 보이지 않게 되었다. 벼랑의 꼭대기에 다달은 것이다.

세 사람은 모두 땅에 푹 쓰러졌다. 지친 팔과 다리는 꼼짝도 할 수 없었다.

해리는 한참이 지나고 나서야 파란 하늘과 시원한 바람이 느껴졌다. 아버지는 아직도 땅바닥에 힘없이 누워 있었다. 두 아이는 가만히 누워 아버지가 충분히 기운을 되찾을 때까지 기다렸다.

아버지가 겨우 눈을 뜨고 머리를 움직였다. 아버지가 몸을 움직여 일어나 앉을 수 있게 되었을 때 해리는 아버지의 손을 꼭 잡고 나직이 물었다.

"아빠, 아빠는 바닷물이 밀려오고 있다는 것을 알고 계셨죠?"

아버지는 힘없이 미소를 지으며 고개를 끄덕였다.

"우리에게 이런 일을 당하게 된다는 것을 가르쳐 주시려고, 아빠!"

해리는 아버지의 가슴에 얼굴을 묻었다. 아버지는 따뜻한 손으로 해리의 머리를 어루만졌다.

해남이가 아버지에게 나무라듯 말했다.

"하지만 아빠! 아빠가 너무 힘드셨잖아요. 만약 아빠가 아까 그 벼랑에서……."

"그래 해남아! 하지만 아이들은…… 아니 어른들도 마찬

가지지만…… 따끔한 맛을 보지 않으면 마음 깊이 새기지 못한단다, 알겠니? 나는 늘 너희들과 함께 있는 것이 아니란다. 나는 너희들에게 바닷물을 살펴봐야 하는 일이 얼마나 중요한 일인지를 깨닫게 하고 싶었단다. 너희들 스스로의 힘으로. 바닷물은 너희의 친구도 돼주겠지만 때로는 아주 냉정한 적도 될 수 있단다."

해리는 깜짝 놀라 고개를 들며 물었다

"늘 우리와 함께 있을 수 없다니요? 우린 항상 같이 있잖아요, 아빠?"

아버지는 해리의 말에 약간 당황한 듯 머뭇거리며 말했다.

"음, 그건 말이다…… 너희들을 확실히 믿어도 된다고 여겨질 수 있는 때를 말하는 거야. 그래서 너희들끼리 돌동물을 주워오도록 내보낼 수 있을 때 말이다."

그러나 해리의 마음 속엔 왠지 불안한 그림자가 스쳤다.

'아빠가 말씀하신 것이 정말 그런 뜻일까?'

어느 새 저녁때였다. 세 사람은 상처투성이에, 시퍼런 진흙을 온몸에 잔뜩 묻힌 형편없는 모습으로 언덕을 힘없이 터벅터벅 걸어 내려갔다.

어머니는 문을 활짝 열어 놓은 채 매우 초조한 모습으로 집 밖에서 서성이고 있었다. 세 사람이 나타나자 어머니의 얼굴은 금방이라도 눈물이 쏟아질 듯한 표정이었다.

세 사람이 머리 꼭대기에서 발 끝까지 파란 석회토층의 진흙과 으깨어진 풀의 진물로 엉망인 것을 알아본 어머니는 아버지의 얼굴을 유심히 살피다 놀란 표정으로 물었다.

"당신, 얼굴이 왜 그래요!"

아버지는 갑자기 두 팔을 축 늘어뜨렸다. 동시에 두 아이의 손에 들려 있던 바구니가 땅에 툭 떨어졌다. 그리고 아버지의 몸이 무너지듯 앞으로 기울어졌다. 어머니는 재빨리 아버지의 몸을 받치며 외치듯 소리쳤다.

"해남아, 빨리 의사 선생님을……"

해리의 장사

해리는 변화 없는 학교 생활이 싫었었다.

항상 좁고 딱딱한 교실 분위기에서 벗어나고 싶어했다. 그런데 아버지가 돌아가심으로 드디어 그렇게 되었다.

그러나 해리는 하나도 기쁘지 않았다. 해리는 날마다 마을에서 멀리 떨어진 바닷가에서 슬픔에 잠긴 채 헤매고 있었다.

작은 작업실에서는 이제 나무를 자르는 톱 소리도 망치 소리도 들려오지 않았다.

주인 없는 공간에는 거미만이 재빨리 집을 쳤다.

식사때엔 언제나 한쪽 자리가 텅 비어 있었다.

이제 집안은 해남 오빠가 가구점에서 일하고 받아오는 돈으로 살아가야만 했다.

해리는 자기가 아버지를 죽게 했다는 생각에 마음이 무거웠다. 바라다 보이는 바닷물의 무게 만큼이나 무거웠다.

해리는 아버지와 마지막 갔었던 바닷가를 하염없이 바라보며 서 있었다. 그 때 누군가가 해리에게 말을 걸었다. 바닷가엔 자기 혼자인 줄 알았는데 낯선 부인이 옆에 서 있었다.

"아가씨가 갖고 있는 그 돌을 나에게 팔지 않겠어요? 나는 아까부터 찾고 있었지만 도저히 찾을 수가 없었어요."

해리가 자신의 손을 보니 파도에 시달려 닳아버린 암몬 조개를 들고 있었다. 해리는 자기가 언제 그것을 집어 들었는지 전혀 기억이 없었다.

"2,000원 주겠어요, 아가씨. 내가 걷던 바닷가의 추억으로 돌을 주워 가기로 했거든요."

해리는 꿈꾸는 듯이 암몬조개를 내밀었다. 부인은 조가비를 조심스럽게 건네 받은 후 돈을 지불했다.

'이런 형편없는 돌동물 값으로……'

해리의 비참한 기분은 어느덧 사라지고 있었다.

'나도 아버지처럼 돌동물을 팔 수 있어. 학교에 가지 않으니 돌동물도 맘껏 주울 수도 있고. 나는 아버지 다음으로 훌륭한 돌동물 파는 사람이 되는거야.'

해리는 가파른 층계를 단숨에 뛰어올랐다.

"엄마, 이것 보세요?"

"해리야, 어디서 이런 돈이 났지?"

어머니는 무서운 얼굴로 물었다.

"엄마! 아빠가 했듯이 나도 돌동물을 파는 거예요. 내가 돌동물을 들고 바닷가에 서 있는데 어떤 부인이 오더니 그것을 사겠다고 했어요. 우리는 신기한 돌동물이 있는 곳을 알아요. 아빠하고 같이 두 번이나 갔었거든요. 돌동물이다 팔리면 해남 오빠와 내가 몇 번이라도 또 주워올 수 있어요."

해리는 먼지가 뽀얗게 내려 앉은 연장들을 털어냈다. 그리고 한쪽 구석에 쌓아 두었던 금빛 돌동물들을 하나도 남김없이 반짝반짝 닦아 테이블에 가지런히 늘어놓았다.

그 날 저녁엔 돌동물을 팔 일에 대해 이것 저것 어머니와 이야기를 나누었다. 오랜만에 가져보는 생기있는 분위기였다. 어둡던 어머니의 얼굴에도 희미한 미소가 떠올랐다.

"이런 일이 있을 것을 아셨나요? 당신. 그래서 그렇게 고집을 피우셨군요. 내가 말리는 것도 뿌리치고, 당신의 몸도 돌보지 않고 말예요."

어머니는 혼자말처럼 중얼거렸다.

"자 해리야, 넌 저 쪽을 들어 난 이 쪽에서 들게."

해리와 해남이는 아버지가 쓰던 낡은 테이블을 햇빛이 쏟아지는 바깥으로 내 놓았다.

"오늘은 너에게 멋진 날이 될 것 같은데! 너는 이 돌동물 때문에 유명해질지도 몰라."

해남이는 해리를 격려하듯 말했다.

"어떻게? 난 그저 돌동물을 팔고 있을 뿐인데……."

"이제 두고 봐."

"오빠는 나를 놀리는 거지? 하지만 생각만 해도 가슴이 떨려. 하루 종일 돌동물을 모으고 또 팔 수도 있다니. 그 어둡고 좁은 교실에서 하루 종일 갇혀 지내는 대신 말이야."

해리는 곧 작업실의 돌동물을 모두 날라왔다. 그리고 테이블 위에 보기 좋게 늘어 놓았다.

지나가던 동네 아저씨와 아주머니들이 해리를 격려해 주셨다. 목사님도, 굴뚝 청소하는 아저씨도, 푸줏간 아주머니도.

킁킁, 코를 울리는 소리가 들렸다. 쫑이었다. 그런데 웬일인지 재롱을 떨거나 달려들지 않았다. 쫑은 해리의 옆으로 걸어와서는 장사에 방해가 되지 않으려는 듯 테이블 밑에 얌전히 웅크렸다.

학교에 다니는 아이들이 몇 명 지나갔다. 해리는 긴장이 되었다. 역시 아이들은 그냥 지나치니 않았다. 해리의 모습을 보자 짓궂게 웃으며 놀려댔다.

"돌처녀! 돌처녀! 해, 리, 는 돌처녀."

아이들은 해리의 주위를 어지럽게 뛰었다. 해리는 어찌할 바를 몰랐다. 갑자기 쫑이 아이들을 향해 짖어댔다. 그러자 아이들은 으르렁거리는 개에 놀란 듯 모두 몰려가 버렸다.

"정말 고마워, 쫑. 넌 정말 좋은 친구야."

그때 큰 별장 집안 아가씨들이 언덕을 올라왔다. 바로 아버지의 단골손님들이었다.

"어머나, 해리야, 아버지처럼 돌동물을 모으고 있구나. 정말 잘됐구나."

큰딸 보라 아가씨가 해리를 칭찬했다. 작은딸 소라 아가씨가 돌동물을 하나 집어 들었다.

"어쩜 이렇게 예쁠까? 끝이 뾰족한 것이 귀엽기도 해라. 어쩌면 이렇게 매끈매끈할까. 그런데 해리의 아버지는 왜 이런 걸 한 번도 가져오지 않으셨을까?"

소라 아가씨는 해리의 돌동물을 보며 계속 감탄했다.

"옳지. 이것은 내가 모두 가져가야겠어. 이 돌을 보자 갑자기 멋진 생각이 떠올랐거든. 잘 될지 모르겠지만……."

보라 아가씨도 손가락돌을 집어 들었다.

"해리 앞으로 이 손가락 돌들을 계속 모아 주겠니? 내가 모두 사 갈게. 그리고 여기 고동 두 개…… 암몬조개…… 아! 이 반짝이는 것이 좋겠다. 그리고 조개가 여러 개 박힌 이 바위도 가져가야겠어. 문갑 위에 놓아 두면 멋진 장식이 되겠어. 옳지 이 번쩍거리는 바다나리 줄기도 좀 줘. 브로치를 하면 틀림없이 아름다울거야, 틀림없이."

별장집의 보라 아가씨는 해리가 바다나리를 처음 주웠을 때 했던 것처럼 그것을 자기 옷에 대어 보았다. 보라 아가씨와 소라 아가씨는 훌륭한 손님이었다. 두 사람의 모습이 사라지자 해리는 집 안으로 뛰어들어갔다.

"엄마! 이것 보세요, 손가락 돌을 모두 팔았어요. 그 때 엄마가……."

해리는 신나게 외치다가 엄마 얼굴을 보고 멈칫하여 그 다음 말을 흐렸다.

"내가 너를 꾸짖었던 그 돌 말이로구나."

어머니가 다음 말을 다정스럽게 이어주었다. 해리는 고개를 끄덕이며 돌동물을 팔고 받은 돈을 어머니 앞으로 조심스럽게 내밀었다.

"손가락돌이 많이 필요할 거래요. 나보고 더 모아다 달랬어요."

해리는 다시 테이블 쪽으로 나왔다. 쫑은 아직도 테이블 아래 웅크리고 있었다.

"개를 기를 거니, 해리야."

갑자기 들려온 쾌활한 큰 목소리에 얼굴을 들어보니 화가 아저씨가 서 있었다. 그는 뚱뚱하고 불그레한 얼굴을 한 맘씨 좋은 사람이었는데 커다란 저택에 작업실을 갖고 있었다. 그는 도시에 있는 작은 박물관을 위해 돌동물을 수집하고 있었다. 그런데 웬일인지 직접 주우러 가지는 않았다.

“이건 생선 가게 아저씨 댁의 개예요. 아침에 왔는데 글쎄 돌아가지를 않아요. 하루 종일 여기 있는 걸요.”

화가 아저씨는 몸을 굽혀 쫑의 목을 쓰다듬어 주며, 슬픈 얼굴이 되어 말했다.

“생선 가게 아저씨가 어제 돌아가셨단다.”

“어쩜, 가여운 쫑!”

해리는 쫑을 가만히 끌어안았다. 이윽고 화가 아저씨는 테이블 위를 살폈다.

“아버지 일을 대신하고 있구나. 이 암몬조개. 아니 이거 참 놀랍구나, 한 번에 이렇게 많은 등골뼈를 보게 되다니…….”

처음 들어보는 말에 해리는 귀를 쫑긋했다.

“지금 그것을 뭐라고 하셨어요?”

“등골뼈. 사람들은 척추뼈라고 부르지.”

화가 아저씨는 자세히 설명했다.

“척추뼈라는 이름은 정확하다고 할 수 없지. 등뼈가 하나 모이면 등골뼈이고, 여러 개가 모인 것은 척추가 된단다.”

“등골뼈. 그럼 이 등골뼈는 악어일까요?”

해리가 호기심어린 표정으로 물었다.

“그럴지도 모르겠다. 오래전에도 어떤 사람이 동물의 뼈를 발견한 적이 있었단다. 나도 구경을 했는데 어떤 동물의 턱뼈처럼 생각되더구나. 사람들도 악어의 턱뼈일 거라고 했지. 하지만 몸의 뼈가 더 발견되어 봐야 확실하게 알 수 있단다. 어쨌든 여기 있는 등골뼈만이라도 모두 내가 사기로 하자.”

화가 아저씨는 등골뼈와 몇 개의 돌동물을 챙긴 후 두세 걸음 걸어가다 발을 멈췄다. 그리고 뒤를 돌아보며 큰 소리로 말했다.

"그 악어……, 아니 악어가 아니라도 그런 몸뼈를 발견하면 가장 먼저 나에게 알려 주겠니?"

해리가 미소지으며 고개를 끄덕이자 화가 아저씨는 다시 돌아서서 걷기 시작했다.

화가 아저씨가 돌아가고 난 후 다음엔 도시에서 온 손님들이 다녀갔다. 지난 번과 마찬가지로 그 손님들도 돌동물을 매우 신기해하며 그것을 사 갔다. 해리의 돌동물들은 눈 깜짝할 사이에 모두 팔려 버렸다.

그 날 저녁식사 시간에 해리는 하루동안 돌동물을 팔며 있었던 이야기를 엄마와 오빠에게 자랑하느라 잔뜩 들떠 있었다. 해남 오빠는 그런 해리가 대견한 듯 바라보았다. 한편 마을의 한 부잣집에서 어머니에게 빨래 일을 부탁해 왔다. 어머니에게도 할 일이 생겼으므로 모두들 기뻐했다.

"오빠, 내일은 일하러 가지 않아도 되지? 내일은 같이 돌동물을 주우러 가야 해?"

그 때 문 밖에서 어떤 기척이 있었다.

"엄마, 쫑인가 봐요. 글쎄 생선 가게 아저씨가 어제 돌아가셨대요. 쫑은 오늘 하루 종일 내 옆에 앉아만 있었어요.

문 열어 줄까요?"

어머니는 난처한 듯 말했다.

"그러렴. 하지만 너무 귀여워해서 계속 우리 집에 있으려고 하면 큰 일이구나. 너도 잘 알겠지만 우리 집은 개에게까지 남겨 줄 음식이 없으니 말이야."

해리가 문을 열었을 때, 조그만 쫑은 두 귀를 축 늘어뜨린 채 풀 죽은 모습으로 웅크리고 서 있었다. 쫑은 해리를 보고는 꼬리를 흔들며 다가왔다. 해리는 쫑의 등을 부드럽게 쓸어 주었다. 쫑은 얌전히 엎드려 있다가 곧 해남 오빠에게로 가서 꼬리를 흔들며 껑충껑충 뛰어올랐다. 쫑과 장난을 치던 해남이가 눈빛을 빛내며 말했다.

"해리야! 좋은 생각이 났어. 너는 돌동물을 주우러 일요일까지 기다리지 않아도 돼. 쫑과 함께 가면 되잖아!"

두 아이는 동시에 어머니를 쳐다보았다. 어머니는 아무 말도 하지 않았다. 한참이 지난 뒤 어머니는 천천히 말했다.

"돌동물을 계속 팔게 된다면 정말 일요일에 한번 모아오는 것으론 안 되겠지. 해리는 아직 어리고, 또 혼자 바닷가에 나간다는 것도 위험한 일이야. 쫑이 같이 가면…… 만일 사고가 나더라도 쫑을 보내서 도움을 청할 수 있을

거야. 심심하지도 않고."

해리는 너무 기뻐 어머니에게 달려들며 소리쳤다.

"엄마, 맞아요! 좋은 내 말을 아주 잘 들어요. 그리고 얼마나 영리하다구요. 나쁜 짓은 하라고 해도 하지 못할 거예요. 참 착한 개예요."

해남 오빠가 쫑의 목을 쓰다듬으며

"잘 됐다. 쫑. 네 덕분에 우리 해리는 매주 일요일까지 기다리지 않아도 되니 말이야."

해리는 신나서 손뼉을 치며 외쳤다.

"야! 이제는 가고 싶을 땐 언제든지 돌동물들을 주우러 갈 수 있는거야, 언제든지!"

"그럴 수 있을까? 바닷물이 들어왔는데도?, 폭풍우가 불어 와도?"

해남이는 해리를 짓궂게 바라보며 웃었다.

해리는 지금의 일들이 모두 꿈만 같았다. 들뜬 마음으로 콧노래를 부르며 작업실 한쪽 구석에 쫑의 자리를 만들어 주었다. 주인 잃은 슬픈 쫑에게 포근한 잠자리를 마련해 준 것이다.

해리는 두 개의 좁은 층계를 올라, 작은 다락방 속의 조그만 잠자리에서 앞으로의 새 일을 꿈꾸며 잠들었다.

돌물고기

해리는 처음으로 쫑과 단둘이서 돌동물을 주우러 갔다. 돌아왔을 때는 이미 어두웠다. 해남 오빠는 골목길 앞에까지 나와서 근심스러운 얼굴로 기다리고 있었다.

"쫑이 절룩거리는구나. 무슨 일이 있었니?"

해남이 쫑을 바라보며 놀라 물었다.

해리는 소리내어 웃으며 말했다.

"저 장난꾸러기! 내가 돌동물을 줍느라 저하고 못 놀아 주었다고 저러는 거야. 오빠한테 아는 체 해 달라고 말이야."

쫑은 부끄러운 듯 몸을 둥글게 웅크리고 두 발을 머리에 얹은 후 두 눈만 내논 채 두 사람을 바라보았다. 해리는 그런 쫑이 귀엽다는 듯 눈을 살짝 흘겨 보였다.

"해리야 오늘의 보물은 어땠니?"

해남 오빠는 집으로 발걸음을 옮기며 더 이상 기다릴 수 없다는 듯이 해리의 바구니를 들어 보며 말했다.

"아주 소중한 보물이 있어. 잠깐만 기다려."

해리는 헝겊에 싼 작은 꾸러미를 아주 조심스럽게 꺼냈다.

"바로…… 이것이 멋진 바다나리꽃이야. 이런 것은 발견하기가 무척 어렵다고 하시던 아빠 말씀 오빠 기억하지? 여러 갈래의 날개처럼 펼쳐진 이 꽃잎 좀 봐, 정말 아름답지? 이걸 바닷물에 담그고 진흙을 씻어 냈더니 이렇게 멋지게 됐어."

해리는 그 바위 조각을 들고 팔을 쭉 뻗었다. 그리고 두 눈을 가늘게 뜨고 요리조리 둘러 보았다. 해남이도 꽤 흥분된 눈빛이었다.

"또 한 가지, 놀라운 일이 있어. 왜 내가 두 번씩이나 주워서 버렸던 그 닳아버린 암몬조개 알지? 글쎄 그것을 바닷물이 또 돌려 보낸 거야. 그래서 이번엔 집어서 커다란 바위에다가 내동댕이쳤어. 그랬더니 무슨 일이 일어났는지 알아? 그 깨어진 암몬조개 속에서 작은 금빛 암몬조개가 잔뜩 숨어 있었어. 얼마나 깜짝 놀랐는지, 잠시 동안

멍하고 있었어. 바다가 그 형편없는 암몬조개를 되돌려 준 것이 얼마나 고마웠는지."

해리는 반짝거리는 암몬조개를 해남 오빠에게 보여줬다.

"아버지 말씀이 맞아. 바다는 적도 되지만 친구도 된다고 하셨던 말씀 말이야."

해남 오빠가 조용히 말했다

"오빠, 이것도 좀 봐. 성게인데 아버지가 주우셨던 것하곤 좀 다르지 않아?"

해리는 작은 공처럼 둥글게 생긴 성게를 손바닥 위에 올려놓았다. 그것은 아주 귀엽게 생겼는데 표면에는 도톨도톨한 알맹이가 아름다운 무늬를 그리고 있었다.

"글세……아참, 엄마가 기다리고 계실텐데."

어머니는 난로 옆에서 뜨게질을 하고 있다가 웃으며 해리 일행을 맞았다. 어머니는 서둘러 국을 데우고 남은 음식을 모아 쫑에게 주었다. 그리고 그들은 상에 둘러 앉았다.

"재미 있었니, 해리야?"

"그럼요 엄마!"

"무거운 것은 억지로 나르지 마라. 해남 오빠도 있으니까."

"알아요, 엄마. 오늘도 혼자서는 다 못 가져올 만큼 많은 돌동물을 찾았어요. 그래서 나머지는 크고 둥근 돌 옆에 모두 모아 두었어요. 다음에 가면 틀림없이 찾을 수 있을 거예요. 바닷물이 밀려와도 끄떡 없을 곳에 두었거든요. 그런데 멋진 일이 일어났어요. 지금까지 본 중에서 가장 아름다운 고둥을 찾아 냈어요. 그것은 새까만 이판암에 박힌 금빛 고둥이었어요."

"금빛이라고?"

"진짜 금은 아니예요. 하지만 지금까지처럼 구릿빛이 아니고 황금빛이었어요. 하지만 나는 가느다란 작은 끌을 가져 가지 않아서 그 고둥을 떼어낼 수 없었어요. 그 고둥은 아주 여리게 생겨서 조금만 잘못해도 곧 부서져 버릴 것 같아서, 다음엔 꼭 가느다란 끌을 가지고 가야겠어요. 그 고둥도 같이 모아 두고 왔거든요."

흥분한 듯 들뜬 목소리로 말하는 해리의 말에 어머니와 해남 오빠는 마주보고 웃었다.

해리는 강한 바람 소리에 깜짝 놀라 잠을 깨었다. 강한 폭풍우와 미친 듯한 파도가 해안 방죽까지 사정없이 몰아치고 있었다. 폭풍우는 그칠 줄을 모르고 여러 날이나 계속해서 몰아쳤다.

해리는 모아 둔 돌동물을 가지러 갈 수 없어 실망이 컸다. 비바람 때문에 돌동물을 사러 오는 사람도 없었다. 해리는 아버지의 작업실 안에서 그동안 날라 온 돌동물을 씻거나 금빛 광석을 닦으며 쫑과 함께 지냈다.

해리는 앞으로의 일이 걱정되었다.

다음 일요일이 되어서야 폭풍우는 완전히 가라앉았다.

해남은 해리가 모아 놓은 돌동물을 나르려고 함께 따라나섰다. 해리도 금빛 고둥을 위해 가느다란 끌을 준비했다.

흙모래 더미가 보이기 시작했다. 해리는 바닷가를 힘껏 달려갔다. 그런데 지난 번에 보았던 그 더미가 아니었다.

해리가 쌓아 놓았던 소중한 돌동물과 아름다운 금빛 고둥은 흔적도 찾아볼 수가 없었다.

'맞아! 폭풍우야, 아니면 장대 같은 비였거나 높은 파도였거나. 이 모든 것들이 모든 것을 쓸어 버렸어.'

돌동물을 찾던 바닷가에는 끈적끈적한 파란 석회토층의 진흙만이 무너져 있었다.

해리는 금방이라도 울음을 터뜨릴 것 같았다.

"오빠, 나의 황금빛 고둥을 찾을 수가 없어. 그때 고둥을

가져갔어야 했나 봐. 이렇게 폭풍우가 닥쳐 올 줄 미처 생각하지 못했어. 당연히 그 자리에 있을 줄만 알았어."

쫑은 해리의 울상 짓는 얼굴을 보면서 쉬지 않고 냄새를 맡으며 바닷가를 뒤지고 있었다. 쫑도 해리의 마음을 알고 있다는 듯 열심히 찾으며 킁킁거렸다. 해리는 그런 쫑이 너무도 고맙고 대견했다. 그러면서도 갑자기 웃음이 나왔다.

"쫑, 너는 정말 좋은 친구야!"

쫑은 자기를 알아줘서 기쁘다는 듯 진흙더미 속에서 한

번 뒹굴었다.

해남 오빠가 곰곰히 생각하며 말했다.

"좋은 방법이 있을 거야. 그전엔 네가 바다에 던져버린 암몬조개도 몇 번이나 돌려 주지 않았니? 물가 근처나 흙모래 더미의 아랫부분을 찾아보자. 어쩌면 아직 떠내려가지 않았거나 파도에 밀려와 있을지도 모르잖니?"

해남 오빠가 생각했던 대로 흙모래 더미에서 해리가 모아 두었던 돌동물 중 몇 개를 찾을 수 있었다.

해리는 너무나 기뻐서 소리를 질렀다. 그리고 해남 오빠가 바위 조각을 들춰내는 것을 가슴 두근거리며 바라보았다.

그러나 해리가 그렇게 자랑하던 금빛 고둥은 흔적도 찾아볼 수 없었다.

한참 후 해리는 한 개의 등골뼈를 발견했다. 그것은 해남 오빠의 모자만한 크기였다. 너무나 커다란 것에 해리는 놀랐다

"오빠, 이것 좀 봐. 굉장히 커다란 악어였나봐! 이것이 가장 큰 걸까? 만약 이것보다 더 큰 등골뼈가 있다면 그 악어는 얼마만한 크기였을까? 무서울 것 같애. 내가 끝까지 이 뼈를 찾으려고 할까?"

해남 오빠가 빙그레 웃으며 말했다.

"아니야, 해리야, 아직까지는 그런 일을 한 사람은 없었어. 네가 그 일을 한다고 생각해 봐 사람들이 얼마나 놀라서 법석을 떨까? 네가 완전한 동물을 찾아 내는 거야, 해리야."

한참 뒤 해남 오빠는 돌동물을 찾다 말고 커다란 둥근 돌을 보며 가만히 생각에 잠겨 있었다.

"오빠! 뭐가 이상해?"

"응 여기를 좀 볼래. 여기……. 두세 대의 뼈 자국이 남아 있는 걸 볼 수 있어. 이건 분명히 등골뼈일 거야. 여기 이 쪽은 늑골이고. 이것도 우리가 말하는 악어의 뼈일지도 몰라. 하지만 이렇게 바위 속에 박혀 있으니 뼈만을 골라 낼 수는 없을 것 같아."

"오빠, 오빠는 동물의 뼈를 완전히 찾아 낼 수 있을 거라고 생각해?"

"응. 틀림없이. 하지만 시간이 좀 많이 걸릴지도 모르지."

해리의 장화에 푸른 진흙이 잔뜩 묻었다. 마침내 너무 무거워서 더 이상 걸음을 옮길 수가 없었다.

해리는 진흙을 닦으려고 물가로 걸어갔다.

"해남 오빠! 빨리!"

해리는 해남 오빠가 깜짝 놀랄 정도의 큰 소리로 다급하게 외쳤다.

"완전한 물고기뼈가 있어!"

바닷물 밑의 평평한 이판암에 작고 갸름한 물고기뼈 자국이 보였다. 해남이는 장화와 양말을 벗고 물속으로 들어갔다.

"바닷물이 밀려오기 전에 빨리 캐내자."

다행스럽게도 그 물고기가 박혀 있는 이판암은 얇았다. 해남 오빠는 물고기의 뼈가 박힌 이판암을 가느다란 끌과 망치를 꺼내 조심스럽게 사용하며 물고기의 뼈가 있는 부분을 완전히 벗겨 냈다.

해리는 손끝으로 지금 찾아 낸 돌동물을 조심스럽게 만져 보았다. 그리고 신기하다는 듯이 말했다.

"너무 아름다워! 이렇게 완전하게 남아 있다니."

해남 오빠도 넋을 잃고 바라보고 있었다.

두 아이는 그 날의 돌동물 찾기를 끝냈다. 바닷물이 아이들을 재촉했던 것이다. 양말과 장화를 챙겨 신고 쫑을 거느리고 집을 향했다.

"오늘도 굉장한 보물을 찾았지, 오빠! 하지만……."

해리는 너무 가슴이 벅차 올라 한숨을 크게 내쉬었다. 그렇지만 금빛 고둥까지도 찾을 수 있었다면 더 이상 바랄 것이 없을 것 같았다.

'아빠 말씀이 맞아. 바닷물은 친구도 되고 또 적도 될 수 있어.'

바닷가에 널려 있는 많은 조가비들이 눈에 띄었다. 그 중에는 고둥이며 마합, 성게 등도 있었다. 그런데 그것들은 대부분 부서져 있었다.

해리는 생각했다.

'모두 부서진 조가비들 뿐이야. 설사 완전한 것이라 해도 곧 파도에 휩쓸리거나 바위에 부딪쳐서 산산조각이 날 거야. 그런데…….'

해리의 바구니 속에는 딱딱한 돌로 변해 있는 조가비들이었다. 그것들은 어째서 바닷물에 닳아버리거나 부서지지 않았던 것일까?

'어째서? 어떻게? 이판암에 박힌 이 물고기뼈는 왜 부서지지 않고 남아 있는 것일까? 왜 똑같은 성질의 것들인데 어떤 것은 고스란히 돌 속에 남아 있고 또 어떤 것은 모래처럼 부숴져 버리는 것인가? 그리고 악어나 암몬조개가 이 곳에 살았었다면 지금은 왜 살고 있지 않은 거지? 악어는 다른 곳에서 살고 있지. 그런데 암몬조개는 왜 없어졌을까? 이 돌동물들은 얼마나 오래 전에 살아 있었던 것들일까?'

해리는 고개를 흔들었다. 아무도 대답해주지 않는 질문들로 머리 속이 너무 어지러웠다.

여러 주일이 흘러갔다.

도시에서 손님들이 오는 날은 돌동물을 팔기 위해 준비를 했다. 아버지가 했던 것처럼. 그리고 그 한가한 틈에는 돌동물을 예쁘게 손질하기도 했다.

손님이 오지 않는 날, 해리는 쫑과 함께 열심히 바닷가에 나갔다. 그들은 바닷물보다도 더 바닷가를 샅샅이 알만큼 꼼꼼하게 찾아다녔다. 보이지 않는 곳에 숨어 있을 돌동물까지도 모두 찾아 내고야 말겠다는 듯이.

어느 날 저녁, 해남 오빠가 해리의 돌동물들을 정리하는 것을 도와주고 있었다. 해남은 작은 작업실의 곳곳에 쌓여 있는 돌동물들을 바라보고 있었다.

선반 위에도 작업대 위에도 그리고 바닥에도 그동안 열심히 날라온 돌동물들로 가득했다.

"정말 많지?"

"그래. 관광객들이 오기 시작하면 굉장하겠다. 그런데 서랍 속에는 무엇이 들어 있니?"

"응. 맨 윗서랍에는 별장십 큰 아가씨에게 줄 손가락돌이 들어 있어. 그런데 그 아가씨는 그 많은 손가락돌을 뭣에 쓰려고 하는지 참 궁금해. 그 아래 서랍에는 내가 제일 아끼는 돌동물이 있어. 그건 절대로 아무에게도 안 줄거야. 맨 아래 서랍은 돌물고기를 위한 거야. 앞으로 돌물고기를 열심히 찾아봐야겠어. 악어를 위한 곳도 있어. 그렇지만 아직 자신은 없어. 제대로 모을 수 있을런지. 그래도 자리는 준비해 두기로 했어."

해리는 그 질문을 기다리고 있었다는 듯 열심히 설명했다. 해남은 해리의 말을 재밌게 듣고 있다가 갑자기 코를 벌름거렸다.

"오빠, 뭐 하는거야, 지금?"

"아!, 해리의 보물 냄새! 지금 막 깨달았는데 이제 여기선 톱밥 냄새를 맡을 수가 없어. 바닷가의 진흙 냄새, 돌동물의 바닷물 냄새로 가득해. 이건 목수 작업실이 아니라 돌동물 작업실이 되어버렸구나! 해리야, 너의 돌동물 가게 작업실말이야."

갑자기 아버지가 그리워져서 두 아이는 잠시 시무룩해졌다. 해남이는 해리의 어깨를 가만히 감싸안았다.

가을, 폭풍우 계절이 다가오고 있었다. 돌동물은 이제 거의 보이지 않았다. 그러나 특별한 보물을 발견하기도 했다.

바로 등골뼈였다. 그것은 바닷가의 평평한 바위에 묻혀 있었는데 그 뼈에는 활처럼 휘어진 길다란 늑골이 붙어 있었다. 해리는 바위를 깎아내야겠다고 생각했다. 그러나 시작한 지 얼마 지나지 않아서 바닷물이 들어오기 시작했다. 해리는 아쉽지만 물러나야 했다.

다음 날, 다시 그 장소에 가 보았을 때 해리는 눈이 휘둥그래졌다. 등골뼈는 바위에서 많이 드러나 있었다. 어제 밀려온 바닷물이 모래와 조약돌을 굴려 바위틈을 파낸 것이었다.

해리는 재빨리 끌과 망치를 꺼냈다. 그리고 바닷물이 하다 남긴 일을 시작했다. 그러나 뼈를 완전히 빼낼 수는 없었다. 해리는 바다가 또 그 다음 일을 해주리라 믿으며 돌아갔다.

나흘째, 해리는 세 개의 등골뼈와 늑골을 완전하게 떼어 낼 수 있었다. 쫑이 그 뼈를 보고는 으르렁거렸다. 해리는 그런 쫑이 못마땅했다. 자기가 그 뼈를 얼마나 소중히 생각하는지 쫑은 모르는 것일까?

어느 날, 바닷가의 모래펄에 이상한 것이 해리의 눈에 띄었다. 커다란 오각형 모양의 널빤지 같은 것이 모자이크처럼 빽빽이 붙어 있는 것이 마치 거대한 거북의 등껍질 같았다.

그런데 손으로 만져 보았더니 뼈였다. 돌동물의 한 종류임에 틀림없었다. 해리는 가볍게 들어 올리려고 손으로 잡았다. 하지만 보이지 않는 모래 속에 더 많은 부분이 숨겨져 있었다.

해리는 급히 모래를 걷어 헤쳤다. 거북의 등껍질 같이 보이는 끝에는 일곱 개의 길다란 발가락처럼 보이는 것이 달라붙어 있었다. 그렇지만 사람들 발가락처럼 하나하나 떨어져 있지 않고 모두 붙어서 평평하게 되어 있었다.

'도대체 이건 뭐야. 악어도 아니고 거북이도 아니고…….'

하지만 해리는 그것이 옛날에 살았던 악어의 뼈일지도 모른다고 생각했다

발의 길이는 손뼘으로 두 뼘 정도였다. 그러나 그것이 묻혀 있는 바위 조각은 그리 두껍지 않았다. 따라서 바위를 쪼아낼 필요는 없었다. 그냥 가져가기로 했다.

그렇지만 혼자 들고 가기엔 너무 무거웠다. 그렇다고 변덕스러운 날씨에 맡겨 두고 가기엔 너무 불안했다. 해리는 그것을 직접 끌고 가기로 했다.

해리의 작업실은 더 이상 아무것도 들여 놓을 틈이 없어졌다. 악어를 위한 자리도 풍성하게 들어 차있었다.

해리와 화석학자

여행객들을 실어 나르는 버스가 덜컹거리며 집 앞을 지나갔다. 해리는 혹시 돌동물을 사러 오는 손님이 있는지를 보려고 창가로 달려갔다.

손님은 단 한 명밖에 내리지 않았다. 깨끗한 양복을 입은 신사였는데 금테 안경을 쓰고 있었다. 그런데 그 신사는 버스에서 내리자마자 해리네 집 쪽으로 곧바로 올라왔다.

그는 테이블 앞에 이르더니 돌동물을 하나하나 살펴보았다. 해리가 테이블 앞으로 나가자 그 신사가 감탄하는 표정으로 말했다.

"여러 종류의 화석을 갖고 있구나!"

"화석이라고요? 아니예요 그건 돌동물이라는 거예요."

그 신사는 해리의 놀란 목소리에 빙그레 웃으며 설명했다.

"화석이라고 부르는 것이 좀더 올바른 이름이란다. 그런데 여기 있는 것이 전부니?"

"아뇨. 안에 더 많은 것들이 있어요."

해리는 그 신사를 작업실 안으로 안내했다.

신사는 좁은 작업실에 가득한 갖가지 종류의 돌동물을 놀라운 표정으로 살폈다. 그리고 감탄한 목소리로 말했다.

"정말 굉장한 것들이군…… 게다가 변화의 모습도 아주 다양해!"

신사는 두 눈을 지그시 감고 생각에 잠겼다. 해리는 그 신사의 모습을 보며 생각했다.

'내가 숨겨 놓은 돌동물을 보면 이 아저씨는 뭐라고 할까? 그런데 이 사람은 뭐하는 사람일까, 그냥 놀러 온 사람 같지는 않잖아?'

신사는 품안에서 동그란 돋보기를 꺼내더니 돌동물을 찬찬히 들여다보기 시작했다. 신사는 이따금씩 어떤 특별한 것을 찾아 내기라도 했는지 눈빛을 빛내며 입을 동그랗게 벌렸다.

이윽고 신사는 안 되겠다는 듯 입을 열었다.

"아버님을 좀 뵐 수 있을까? 여기 있는 이 화석들을 많이 사고 싶은데 말이다."

"아버지는 안 계셔요. 돌아가셨거든요."

신사는 의아한 듯이 물었다.

"그럼 이 화석들은 누가 모았지?"

"제가요, 가끔 오빠가 도와 주기도 하고요."

"네가? 하지만 너는 아직 어린아이잖니! 몇 살이나 되었지?"

"열한 살이에요. 그렇지만 겨울만 지나면 열두 살이 돼요."

"정말 믿을 수 없어. 도저히……."

해리는 슬픈 표정으로 말했다.

"전에는 아버지께서 돌동물을 모으셨어요. 그렇지만 몇 달 전에 돌아가셨어요. 전 돌동물을 좋아했어요. 그리고 아빠한테 그것을 찾는 방법도 배웠고요. 지금은 엄마를 도와드리기 위해 돌동물을 모으고 있어요. 오빠는 무거운 돌동물을 날라다 주거나 커다란 '벌꿀 초콜릿' 암몬조개를 자르거나 해요."

신사는 어리둥절해서 물었다.

"'벌꿀 초콜릿' 암몬조개라고! 그건 도대체 어떤 것이지?"

해리는 선반 위에 올려진 몇 개의 암몬조개를 가리켰다.

"오, 이것 말이구나! 이 암몬조개는 방해석(方解石)으로 변질된 것이란다. 금속을 함유한 보통의 광물은 매우 단단해서 자르기가 어렵지. 하지만 방해석은 광물이지만 꽤 여리거든. 그래서 너희들이 자를 수 있었을 거야. 한편 이 금속이 들어 있는 광물의 이름을 황철광이라고 한단다. 금색광이라고 부르는 사람도 많지."

'황철광, 방해석 이 두 가지 이름을 기억해 둬야지!'

해리는 눈빛을 반짝이며 속으로 되뇌었다.

다시 신사는 벽에 기대어 놓은 돌물고기판을 들여다보았다. 신사는 한참동안 숨을 죽이며 그것을 찬찬히 살펴보았다.

"이것은 처음 보는 물고기 화석이군. 이런 종류의 것은 아직까지 한 번도 본 적이 없어……."

해리는 자기의 소중한 돌물고기를 보고 신기해 하는 그 신사의 모습을 골똘히 쳐다보았다.

"이런, 미안! 꼬마 아가씨! 내 소개를 안 했군. 난 서울의 국립박물관에서 온 과학자란다. 나는 우리가 살고 있는 지구와 그 속에 들어 있는 바위, 그리고 바위 속에 생긴 화석들에 대해 연구하는 사람이지."

해리의 얼굴이 환하게 빛났다.

"과학자요? 아저씨가 정말 그 과학자예요. 제가 돌물고기를 궁금해 할 때마다 아빠는 그러셨어요. 도시에는 우리가 살고 있는 땅에 대해 연구하는 과학자들이 있다고요. 그 사람들은 지구의 비밀을 밝혀 내려고 한다면서요? 아저씨가 바로, 그런 과학잔가요?"

"아빠 말씀이 맞아. 그런데 이름이 뭐지?"

"해리예요, 홍해리!"

해리는 대답을 마치자마자 곧 그 신사 옆에 바싹 다가앉으며 상기된 목소리로 물었다.

"아저씨, 아저씨는 과학자니까 무엇이든지 다 알 수 있겠네요. 전 이런 돌……아니, 이런 화석이 궁금해서 견딜 수가 없어요. 언제 살았던 거죠? 진짜 살아 있었던 것일까요? 그리고……."

과학자는 쉬지 않고 계속되는 해리의 질문 공세를 빙긋이 웃으며 듣고 있었다. 이윽고 집게손가락을 들어 자신의 입으로 갖다 대며 장난스럽게 웃었다.

"해리야, 좋은 생각을 하고 있구나. 그래 너의 물음에 어느 정도는 답을 해주지. 그렇지만 우리 과학자들도 아직 알 수 없는 수수께끼도 많단다. 네가 돌동물을 주워오는 석회토층의 벼랑, 즉 이 마을의 땅이 옛날에는 훨씬 낮은 곳에 있었을 거야. 아주 낮은 곳이어서 아주 깊은 바닷속 땅이었지. 지금 우리가 볼 수 있는 이판암은 진흙이었고 석회암은 아직 흙이 아니었지. 그 무렵에도 바다에는 생물이 살았던 거야. 그 생물이 죽으면 어떻게 됐을까? 그래 바닥으로 가라앉은 거야. 어떤 것은 진흙 속에, 어떤 것은 석회 알갱이 속에 묻힌 거지. 연한 살 같은 부분은 썩어버렸어. 하지만 뼈나 이빨 그리고 조가비 같은 딱딱한 부분은 그대로 남아 있을 수도 있었단다. 아주 오랜 세월이 흐르고 마침내 진흙은 이판암이 되었고 석회 가루들은 쌓여서 석회암이 되었지. 그 때 살아 있던 생물들도 함께 돌 속에 갇혀 굳어버렸지. 이 암석 속의 생물 시체를 우리는 화석이라고 부른단다. 마침내 그런 시체의 대부분도 돌로 변하거나 광물이 되기도 했지……방해석이며 황철광 같은 것으로 말이야. 그런데 파란 석회토층 속의 뼈는 변하지 않았단다. 그래서 우린 암몬조개 본래대로의 조가비를 지금도 곧잘 찾아볼 수 있단다.……바로 이렇게."

과학자는 두세 군데에 진주 같은 조가비 층이 엷게 남아 있는 암몬조개를 집어 들었다. 해리는 자기가 그런 흔적을 발견하지 못한 것이 속상했다.

'앞으론 내가 찾는 화석들을 더욱 자세히 관찰해야지!'

"이윽고 지구에 커다란 변화가 일어났단다. 땅이 움직인 거야. 바다 밑의 땅은 솟아올라 이렇게 육지가 되기도 했지. 그래서 네가 화석을 주워오는 곳처럼 파란 석회토층 벼랑이 된거지."

"그럼, 그것은 언제 일어난 일인가요?"

"글쎄, 지금으로선 아직 알 수가 없단다. 끝내 알아낼 수 없을지도 몰라. 우린 그저 상당히 오랜 옛날이 틀림없다는 것밖에는 모른단다. 몇백 년, 몇천, 몇만? 아니 그보다도 훨씬 더 옛날이었을지도 모르지."

해리는 다시 조용해졌다. 해리는 과학자의 설명을 곰곰히 생각하느라 한쪽 구석에 쪼그리고 앉았다. 과학자도 다른 화석을 관찰하느라 집중해 있었다. 해리가 자리에서 발딱 일어나며 입을 열었다.

"너무 이상해요, 모두."

"그렇단다. 그렇지만 새로운 사실이 나타나면 그 모든

비밀을 벗겨낼지도 모르지, 사실 지금까지의 이야기도 그렇게 알아냈단다. 새로운 화석이 하나 발견될 때마다 조금씩, 아주 조금씩 과거의 수수께끼가 풀렸지. 우리 과학자들도 어찌 보면 탐정과 비슷하지. 우리는 새로 발견되는 사실을 가지고 오랜 옛날에 있었던 일들을 추리해 낸단다. 말하자면 열쇠를 찾아 그 열쇠에 맞는 문을 여는 거라고 할 수 있지, 우린 많은 문을 열기 위해 열쇠를 찾아다닌다고나 할까? 그런데 나는 새로운 열쇠를 찾아 낸 것 같기도 하다. 왜냐하면 너는 내가 지금까지 본 적이 없는 새로운 암몬조개를 두 개나 가지고 있거든."

해리는 깜짝 놀라며 물었다.

"정말이에요?"

"정말이고 말고!, 여기 이랑이 솟아오르고 그 위에 도톨도톨한 알맹이 같은 것이 붙어 있는 것과 이랑이 전혀 보이지 않으며 평평한 이것 말이야. 너는 암몬조개의 이랑과 이랑 사이에 나 있는 파도처럼 일렁이는 아름다운 선을 보았니? 황철광에도 그런 것이 있지."

해리는 부끄러운 듯 고개를 저었다. 자기는 돌동물의 모든 점을 다 알고 있다고 생각했는데 모르는 점도 많다는 것을 알았기 때문이었다. 자세히 보니 정말 파도 같은 나뭇잎 무늬가 암몬조개의 표면에 여러 개가 희미하게 나 있었다. 그것을 과학자가 가져온 돋보기로 보았더니 훨씬 크고 선명해서 잘 보였다.

"암몬조개는 종류에 따라 각각 그 무늬가 다르단다."

"그런데 암몬조개는 다른 조개와 달리 그렇게 많은 방으로 칸칸이 나뉘어 있을까요?"

"그건 아주 간단해. 암몬조개의 몸은 아주 부드럽단다. 그것이 처음엔 작은 방에서 살고 있었는데 몸이 자라면서 좀더 큰 방이 필요해진 거야. 그래서 새 방을 만들었지. 이렇게 자꾸자꾸 새 방으로 집을 옮겨 가면서 작은 방을 비운 거야."

"그런데 지금 살아 있는 암몬조개는 없을까요?"

"없지. 어찌 된 영문인지 모두 멸종해 버렸단다. 오늘날 살아 있는 생물 중에서 가장 비슷한 것을 찾아본다면 앵무조개라고 할 수 있지. 그 조개는 진주층으로 되어 있고 암몬조개와 같은 방을 만든단다. 그러나 앵무조개가 있는 곳은 열대 바다뿐이야. 하지만 화석 동물 중에는 지금까지도 살아 있는 것도 있지. 예를 들면 불가사리, 성게, 고둥, 마합 같은 거 말이야."

"그런 것은 알아요."

"그래! 그런데 암몬조개는 어째서 없는 것일까? 바로 이것이 또 하나의 앞으로 풀어야 할 수수께끼란다. 어쩌면 우리 과학자들도 영원히 풀 수 없을지도 몰라."

과학자는 하나 하나의 화석을 세밀히 조사했다. 그러면서 이상하다는 듯 고개를 갸웃거렸다. 돌조각을 뒤집어 보기도 했다.

"이상하다. 왜 베렘나이트가 눈에 띄지 않을까."

"네! 베…….?"

해리는 아직 어려서 그렇게 어려운 발음을 흉내내기가 어려웠다. 해리의 얼굴은 홍당무처럼 빨개졌다.

"이런 내가 깜박 잊었구나. 너희들은 그걸 '손가락돌' 이니 '천둥의 사생아' 라고 부를 거다."

"아! 알아요. 그거라면 아주 많이 가지고 있거든요. 실은 별장집 아가씨의 부탁이 있었어요. 하지만 저도 이 돌을 좋아해요. 참 예쁘잖아요."

해리는 서랍을 열었다. 반짝반짝 갸름한 손가락돌이 서랍 가득 넘쳐흐를 듯 들어 있었다. 과학자는 놀라서 탄성을 질렀다.

"정말 놀랍구나. 그런데 그 별장집 아가씨는 이것을 왜 모아 달라고 했을까."

"저도 참 궁금해요. 하지만 아직 알 수 없어요. 그런데 이것을 뭐라고 하셨지요?"

"베렘나이트. 베, 렘, 나이트."

해리에겐 또 하나의 기억해야 할 말이 생겼다.

"그런데 이 돌은 무엇이 변한 것이죠?"

"그건 오징어 같은 동물이 몸 속에 지니고 있던 뼈의 종류였단다. 그러나 암몬조개처럼 이 동물도 지금은 세상에서 사라졌지. 또 다른 것은 없니?"

해리는 서랍을 차례로 열어 보였다. 과학자는 어른답지 않은 표정으로 처음 보기와는 달리 휘파람을 불어댔다.

"여긴 아주 광장한 것이 많구나. 사실 이 바다나리 (학문적으론 크리노이드라 부른다)는 나도 한 번도 본 적이 없었단다."

해리는 물었다.

"이 바다나리는 피어 있을 때는 아주 화려한 꽃이있겠죠?"

"아니야. 바다나리는 동물이었단다."

"네?"

해리는 이해할 수 없다는 듯 과학자를 쳐다보았다.

"음, 그래 이상하게 들리겠지. 바다나리는 동물이었지만 보다시피 꽃과 아주 비슷했지. 줄기엔 뿌리도 있어서 바다 밑에 단단히 뿌리를 내리고 있었단다. 모래뿐 아니라 바위나 해초 끝에도 말이야. 줄기의 끝엔 머리가 있고 그 머리 끝에 길다랗게 생긴 많은 팔이 달렸단다. 이 팔이 이리저리 움직여서 먹을 것을 잡아서 머리 꼭대기에 있는 입으로 가져가지."

'아, 그러면 바다나리를 크리노이드라 불러야 하는구나. 하지만 바다나리라는 이름이 훨씬 아름다운데…….'

해리는 곧 물었다.

"이 크리……크리노이드도 사라졌나요?"

"아니. 그런데 바다가 얕고 물이 따뜻한 곳에서만 살아. 그래서 우리는 이것을 보면서 이 부근의 바다도 옛날에는 지금보다 훨씬 따뜻했을 거라고 생각하지. 그런데 이 바다나리가 불가사리와 같은 친척이라면 믿을 수 있겠니?"

"정말이에요? 너무나 재미있는데요."

과학자는 해리의 즐거워하는 표정을 살펴보며 말했다.

"해리야, 숨겨 둔 보물이 또 있을 것 같은데. 어때 나에게도 보여 줄 수 있겠니?"

"그럼요, 박사님!"

해리는 너무 기뻐 소리를 지르며 깡총 뛰어올랐다. 이

훌륭한 과학자가 돌동물-아니, 화석-을 해리처럼 보물이라고 말해 주었기 때문이었다.

해리는 자기의 가장 비밀스러운 장소를 보여 주었다. 바로 '악어의 장소'였다. 해리의 안내를 받은 과학자는 그 뼈를 보고는 한참이나 벌린 입을 다물 줄을 몰랐다.

"박사님, 이것은 정말 악어였을까요?"

"우리도 잘 모른단다. 내가 지금까지 본 것은 등골뼈뿐이었어. 그런데 여긴 정말 새로운 것이 있구나. 여기 있는 가장 큰 등골뼈로 미루어 보면 이 동물은 우리가 상상하는 것보다 훨씬 컸을 것 같다. 그런데 이것은 정말 신기하구나!"

과학자는 발처럼 생긴 것을 아주 자세히 살폈다.

"나는 한 번도 이런 것을 본 적이 없어. 발처럼 생기긴 했지만 발은 아닌 것 같다. 발가락의 뼈가 너무 달라 붙어 있고 또 모두 엷은 피부로 싸여있지 않니? 물갈퀴와 비슷한 종류가 아닐까."

과학자는 턱에 손을 괸 채 한참 동안 바라보기만 했다. 가끔씩 커다란 숨을 내쉬기도 하고 입맛을 다시기도 하면서. 해리는 그것을 옆에서 바라보고만 있자니 마음이 조마조마했다. 그러나 숨을 죽이고 다음 말을 기다렸다.

이윽고 과학자가 입을 열었다.

“해리야, 여기 모아 놓은 이것들은 어쩌면 전혀 새로운 동물의 뼈일지도 모른다는 생각이 드는구나. 계속 더욱 많은 뼈를 찾아보도록 해라. 만일 우리가 그 뼈의 동물이 어떤 모습인지 알아볼 수 있을 만큼 몸의 뼈를 찾아 낼 수 있다면 그것은 정말 굉장한 일이 될 거다. 너뿐만 아니라 나, 그리고 동료 과학자들 나아가 우리 지구의 역사에도. 알겠지. 해리야, 너는 우리 과학자들의 훌륭한 협력자가 되는 거야. 우리는 너만큼 이 곳 지리를 잘 알지도 못하고 시간도 많지 않단다. 그리고 넌 아주 훌륭한 발굴자의 소질을 갖고 있구나! 어떻게 이처럼 완전하게 캐어낼 수 있었는지 놀랍구나. 넌 우리보다 훨씬 많은 것을 찾아 낼 수 있을거다.”

해리는 이 모든 것이 꿈만 같았다. 조그만 계집아이가 과학자와 같은 사람들의 협력자가 되어서 같이 일을 하다니!

“만일 네가 그 뼈를 발견하게 된다면 곧 나에게 연락을 하거라. 그런데 글씨는 쓸 줄 알겠지?”

과학자는 자기의 이름과 주소를 적으며 해리를 쳐다보았다.

"그럼요."

해리는 눈동자에 힘을 주고 똑똑히 대답했다. 그리고 갑자기 생각이 난 듯 말을 이었다.

"저- 그런데 한 가지 말씀드리지 않은 것이 있어요. 실은 박사님보다 먼저 이 뼈를 보여 준 분이 있거든요. 그 분이 뼈를 모두 찾으면 자기가 사겠다고 하셨어요. 저도 그렇게 약속드렸고요. 화가 아저씨는 커다란 저택의 주인인데 그 분은 서울에 있는 작은 박물관을 위해 화석을 사 모으고 계셔요."

과학자는 잠깐 낙심한 듯 얼굴빛이 어두워졌다. 그러나 곧 환해지며 말했다.

"내가 그 사람과 잘 얘기해 보도록 하마."

"저. 그런데 이 동물이 악어가 아니라면 뭐라고 불러야 하죠?"

"그냥 악어라고 부르면 돼. 우리가 이 뼈에 대해 더 많은 것을 알아내기 전까지는 말이다."

과학자는 해리에게 뭔가 지금까지와 다른 새로운 것이 발견되면 즉시 자기에게 연락해 줄 것을 거듭 부탁했다. 그리고 옛날 일을 알아내려고 하는 자기나 동료 과학자들에게 해리는 매우 중요한 인물이라고 힘주어 강조했다.

과학자는 해리의 보물 중에서 많은 화석을 고르고 그 값을 치렀다. 그것은 해리가 지금까지 팔아온 화석 값 중에서 가장 많은 액수였다.

'내가 모은 화석이 모두 국립박물관에 전시되다니! 많은 사람들이 그것을 보겠지. 그리고…….'

새로운 친구

해리는 과학자가 돌아가고 난 뒤 자신의 볼을 장난스럽게 꼬집어 보았다. 해리는 며칠 동안 구름 위를 날아다니는 기분이었다.

정말 믿을 수 없는 일이었다. 자기처럼 가난하고, 게다가 학교도 제대로 다니지 않은 어린 여자아이가 박사들만 모여 있는 과학자들의 협력자가 되었다니 말이다. 그들이 옛날의 비밀을 밝혀내는 일에 자기가 중요한 역할을 하다니.

'잘 해낼 수 있을까.'

해리의 어머니도 놀라움을 감추지 못했다. 자기의 어린 딸과, 그 어린 딸이 모아 온 '돌'이 그렇게 학문 높은 사람들에게 매우 중요한 것이었다니. 한편으론 걱정스럽고 다른 한편으론 해리가 기특하고 자랑스러웠다.

해남 오빠는 조금도 놀라지 않고 말했다.

"그 사람이 말한 그 등골뼈 말이야. 네가 그 악어인지 뭔지 그걸 모두 찾아 내게 된다면 그 땐 얼마나 큰 법석이 일어날런지 두고 보렴."

폭풍우 계절은 이미 지나갔고 흙모래 더미에서는 화석을 거의 찾아 낼 수가 없었다. 해리는 늘 쫑과 함께 바닷가의

여기저기를 찾아다녔다. 과학자가 말한 그 '악어'의 뼈 조각을 찾아내기 위해서 몇 개의 뼈 조각을 찾아 내기는 했지만 모두 해리가 이미 가지고 있는 것과 같은 것뿐이었다.

언덕 꼭대기에는 채석장이 여기저기 있었으며 거기서 석회암이 잘려 나왔다. 해리는 미리 허락을 받고 그러한 채석장에서도 화석을 찾아볼 수 있었다.

그럴 즈음, 해리는 지금까지 주운 것 가운데 가장 아름다운 암몬조개를 찾아냈다. 그것은 해리네 집의 커다란 주전자 바닥만큼 크고 둥그런 모양이었다. 회색 석회암 바탕에 활 모양의 이랑이 선명하고 완만하게 솟아 있었다. 이랑과 이랑 사이에는 아름다운 나뭇잎 무늬가 뚜렷하게 새겨져 있었다.

해리는 이 귀중한 화석을 빨리 집으로 옮겨 놓고 싶었다. 그래서 그것을 곧 집으로 옮기기로 했다.

그러나 해리에겐 좀 무거웠다. 해리는 등이며 팔 다리가 후들후들 떨려오고 힘이 빠졌다. 그래서 몇 번이나 주저앉아 쉬었다. 그럴 때마다 쫑은 안타까운 몸짓으로 해리 주위를 맴돌았다.

이윽고 힘든 운반의 일이 끝나고 암몬조개는 해리의 작업실에 안전하게 놓여졌다. 해리는 세워 놓은 화석을 바라보며 중얼거렸다.

'이 화석은 절대로 아무에게도 팔지 않겠어. 아무에게도……. 이처럼 완전하고 훌륭한 암몬조개는 두 번 다시 찾아 낼 수 없을지도 몰라.'

해리는 그 암몬조개를 작업실 구석 깊숙히 넣어두었다. 그 곳은 아무도 찾아 낼 수 없는 장소였다.

이 무렵 해리에게는 또 한 가지 새로운 일이 일어났다.

어느 날 해리는 바닷가에서 언제나처럼 열심히 화석을 찾아다니고 있었다. 흙모래 더미를 더 자세히 살펴보려고 허리를 굽히고 아래만 보며 걷다가 해리는 한 소년과 머리를 맞부딪쳤다. 두 아이는 서로 아픈 머리를 비비며 깜짝 놀라 허리를 폈다. 그러나 서로의 얼굴을 쳐다보고는 큰 소리로 웃었다.

소년은 아직도 아픈 듯 머리를 계속 어루만지며 씩 웃더니 물었다.

"너도 화석을 찾니?"

소년은 해남 오빠 정도의 나이였다. 그러나 깔끔하고 고급스런 차림새로 보아 부잣집 아들인 것 같았다.

해리는 갑자기 부끄러워졌다. 해리는 얼굴이 빨개지며 고개를 끄덕였다.

"이름이 뭐야?"

"해리."

"나는 준이라고 해, 어머니가 건강이 안 좋으시기 때문에 바닷가로 이사왔어. 이 마을에 이사 온 지는 얼마 안 되지만 이 마을은 아주 마음에 들어. 화석 수집도 너무 재미있어. 그런데 난처한 일이 생겼어. 내가 화석 줍는 일에 너무 열중하는 바람에 화석 말고는 아무것도 생각나지 않는다는 일이야. 하늘도 산도 그리고 사람도. 까닥하면 엄마까지도."

준은 씽긋 웃으며 자신의 머리를 어루만졌다.

"해리, 너는?"

해리는 지금까지 그런 일을 일부러 생각해 본 적이 없었다. 그러나 준의 말을 듣고 보니 정말 바닷가의 흙모래더미 외에는 주의해서 쳐다본 적이 없음을 깨달았다.

'화석이라는 말을 알고 있어서 다행이었어. 예전처럼 돌동물이라는 말을 썼다면 아주 무식쟁이로 보였을거야.' 해리는 속으로 생각했다.

준이 말했다.

"나는 아직까지 여자 아이가 화석을 수집한다는 얘기는 들은 적이 없어. 그건 아주 전문가들만이 하는 일이거든."

"나는 아빠에게 배웠어. 우리 아빠는……지난해 가을에 돌아가셨지만."

해리가 얼굴을 붉히며 말하자 준은 안됐다는 듯이 바라보았다.

"그것 참 안됐구나. 그런데 너는 화석을 모아서 어떻게 하니?"

준이 호기심 어린 표정으로 물었다.

"대부분은 여행객들에게 선물용으로 팔아."

"판다고!"

준은 깜짝 놀라며 소리쳤다.

"응, 아빠의 작업실 앞에서 내가 팔고 있어."

해리는 대답을 하면서 지금 자기의 모습이 어떻게 보이는지 은근히 걱정이 되었다. 혹시 파란 석회토층의 진흙이 얼굴에 묻어 있지는 않은지.

해리의 햇빛을 가리는 모자는 어느 새 벗겨져서 등에 매달려 있었다. 해리는 얼른 모자를 고쳐 쓰고 끈을 예쁘게 묶었다.

두 사람은 함께 화석 찾기를 시작했다. 이번엔 같은 방향으로 나란히 걸어갔다.

이윽고 준이 놀랍다는 듯이 큰 소리로 말했다.

"네 눈이 나보다 확실히 날카롭구나, 해리야. 똑같이 걸어가는데도 네가 나보다 훨씬 많은 화석을 찾아내고 있으니 말이야."

"그건 내가 너보다 훨씬 오래 전부터 화석 찾기를 해 왔기 때문일 거야. 나는 벌써……."

순간 해리는 저 쪽 바위 한구석에 작은 물고기 화석이 무리 지어 박혀 있는 것을 발견했다.

해리는 하던 말을 멈추고 그 쪽으로 급히 달려갔다. 그리고 바구니에서 끌과 망치를 재빨리 꺼내들고 바위 앞에 무릎을 꿇고 앉아서 바위를 조심스럽게 쪼기 시작했다. 물고기 화석을 떼어내는 동안 해리는 준이가 옆에 있다는 사실을 잊고 있는 듯했다.

"너는 화석을 다루는 솜씨가 굉장하구나."

"어머, 고마워. 하지만 이것도 아빠가 가르쳐 주신 거야."

해리는 처음 만난 낯선 소년으로부터 칭찬과 부러움의 소리를 듣자 지금까지 한 번도 느껴보지 못한 즐거움을 느꼈다.

그리고 자신에게 이런 기술을 자세히 가르쳐 준 아버지가 보고 싶었다.

이 때 쫑이 달려왔다. 그리고 처음 보는 소년이 이상했는지 이를 드러내고 으르렁거렸다. 준은 깜짝 놀라 해리

옆으로 다가오며 말했다.

"이 개는 나를 나쁜 사람인 줄 아나 봐."

해리는 얼굴을 붉히며 준을 바라보았다. 그리고 쫑을 향해 팔을 벌렸다.

"이리 온, 쫑."

해리는 쫑을 안고 가만가만 쓰다듬었다. 그러나 쫑은 해리의 품에 있으면서도 준에게서 눈을 떼지 않고 으르렁 소리를 내고 있었다. 해리는 그런 쫑이 귀여웠다.

"아, 알았어. 이 개는 나에게 샘을 내는가 봐."

준이 싱긋 웃으며 말했다.

"정말! 그래, 쫑은 나하고 단둘이서만 헤아릴 수 없을 만큼 많은 날을 같이 화석을 주우러 다녔거든. 우리는 언제나 단둘이었어, 이 넓은 바닷가에서. 그리고 쫑은 나를 이해하는 오직 하나의 친구였거든."

해리는 자기의 얼굴을 쫑의 머리에 살짝 갖다 대었다. 준은 그 광경을 부러운 눈길로 바라보더니 해리에게 물었다.

"나도 쫑하고 친해질 수 있을까?"

해리는 잠시 준을 쳐다본 후 고개를 돌려 쫑을 바라보았다.

"이리 온 쫑. 나도 너의 친구로 삼아 주지 않으련?"

준은 쫑에게 조심스럽게 다가갔다. 그리고 천천히 손을 내밀어 쫑의 등에 손을 대었다. 쫑은 잠시 경계의 자세를 취했으나 곧 준과 친해졌다.

그 뒤에도 둘은 화석을 주우러 와서 많은 이야기를 나눌 수 있었다.

이야기를 주고 받는 동안 해리는 준이가 멋진 군인이 되고 싶어한다는 것을 알았다. 그래서 준이는 공부를 하기 위해 이 마을을 곧 떠나갈 것이었다.

해리가 화석을 팔아서 어머니를 돕고 있다는 것을 알고 준이는 자기가 찾아 낸 화석을 해리에게 나눠 주기도 했다.

해리는 처음으로 자기와 비슷한 나이 또래 아이를 친구로 사귀었다. 해리가 학교에서 만난 아이들은 해리를 이상한 애라고 놀려댔지만 준이는 해리의 생각을 잘 이해해 주었다. 꽁이 아닌 그리고 같은 흥미를 가진 참된 친구가 생긴 것이다. 아버지가 세상을 떠난 뒤 해리는 늘 외토리였다. 그러나 이젠 예전처럼 허전하고 쓸쓸하지만은 않았다.

화석이 간 곳

여름철이 다가오고 있었다. 이제 도시에서 사람들이 놀러오면 해리는 날마다 돌동물 가게를 열어야 할 것이다.

어머니와 해남 오빠는 해리의 돌동물 가게에 써놓을 안내글을 자꾸 고쳐 써야 하는 것이 재미있었다.

해리는 '돌동물' 이란 말보다는 '화석' 이라는 좀더 올바른 이름으로 고치고 싶었다. 그러나 여기 오는 손님들 대부분은 아직 '화석' 이라는 말을 잘 모를 것 같아 그냥 두기로 했다.

해리는 '돌동물 팝니다' 라는 말 밑에 '선물용 장식용' 이라는 글을 덧붙였다. 아름다운 황철광 화석같은 것은 많은 손님들이 브로치로 만들기 위해 사가기도 했다. 해리는 그 밑에 '악세사리용' 이라고 썼다.

어느 날, 바람이 좀 세게 불었다. 열어 놓은 작업실 문이 바람에 밀려 자꾸 닫혔다. 해리는 마침내 커다란 암몬조개를 열어 놓은 문에 기대어 세워 놓았다.

다음에 온 손님들 중에서 그것을 보고 크게 감탄하며 같은 데 쓰겠다며 암몬조개를 사갔다. 해리는 '문 받침용'이라는 말을 또 덧붙였다.

마을의 어떤 할아버지는 정원을 꾸미기 위해 해리의 가장 큰 암몬조개를 사갔다. 또 어떤 사람은 담장을 장식하기 위해 암몬조개를 사기도 했다. 해리의 돌동물 안내문엔 자꾸만 말이 덧붙여졌다.

드디어 여행객들이 몰려오는 여름의 첫날이 왔다.

해리는 설레는 마음으로 테이블 앞에 서서 손님들을 기다렸다. 해리는 작업실 쪽을 둘러보았다. 작업실의 선반과 작업대 그리고 바닥에까지 온갖 종류, 온갖 모양과 크기의 화석들이 가지런히 정리 정돈되어 있었다.

'여기 오는 손님들은 운이 좋아. 이런 것은 어디서도 찾을 수 없을걸. 게다가 마음에 드는 것을 얼마든지 고를 수 있고 시간도 얼마 들지도 않아. 그리고 약간의 값만 치르면 되는 거야.'

해리가 이런 생각에 잠겨 있을 때, 이 여름의 첫손님이 드디어 다가왔다.

그 부인은 몸짓이 크고 뚱뚱하며 불그레한 얼굴에 고급스런 옷차림을 하고 있었다. 해수욕을 하러온 사람임에 틀림이 없었다.

해리는 상냥하게 미소지으며 다가갔다. 그렇지만 그 부인은 해리를 본체만체했다. 테이블 위의 돌동물을 보고는 뭐라고 중얼거리면서 하나하나를 모두 만져 보았다 그러는 동안 가지런히 놓여 있던 화석들은 뒤범벅이 되고 말았다.

이윽고 부인은 퉁명스런 목소리로 말했다.

"값이 터무니없이 비싸잖아! 단지 바닷가에 널려 있던 것을 모아 놓은 것뿐일텐데."

해리는 너무 어이가 없어 아무 말도 나오지 않았다. 이 부인은 돌동물을 한번이라도 주워 보고 이런 말을 하는 것일까?

해리는 이것들을 찾아 내기 위해 날이면 날마다 얼마나 오랫동안 바닷가를 걸어다녔던가. 날라온 돌동물은 또 얼마나 무거웠던가. 도와 주는 사람도 없이 쫑과 단둘이서 그 먼 바닷길을 얼마나 힘들게 고생을 했는데.

얼마나 긴 시간 동안 화석을 씻고 닦았던가. 금빛 광석은 또 얼마나 참을성 있게 문질러야 했던가. '벌꿀 초콜릿' 암몬조개를 자르던 일들이 주마등처럼 지나갔다.

해리의 마음에 문득 어떤 생각이 떠올랐다.

"아주머니, 아주머니가 직접 돌동물을 주우러 가시죠. 이 돌동물들은 바로 이 바닷가에서 모아 온 것이거든요. 그렇게 하시면 맘에 드는 것을 돈을 한 푼도 들이지 않고 얻을 수 있으실 거예요."

부인은 다 알고 있다는 듯이 거만한 목소리로 말했다.

"그렇잖아도 그러려고 생각하고 있었다. 그런데 어디로 가면 되지?"

해리는 눈을 동그랗게 뜨고 천진스럽게 말했다.

"어머, 바닷가라면 어디든지 있어요."

부인은 자신있게 걸어갔다. 부인이 가는 쪽은 서쪽이었다. 물론 그 쪽에도 암몬조개가 있었다. 그러나 바위 조각이 너무 커서 나를 수 없는 것들뿐이었다. 부인은 바닷물이 들어오는 것도, 마을 가까운 하늘에 검은 구름이 감돌고 있는 것도 눈여겨보려고 하지 않았다.

해리는 부인의 뚱뚱한 뒷모습을 문가에 기대서서 바라보았다. 부인의 모습이 사라지자 해리는 온통 뒤범벅이 되어 버린 화석을 본래대로 정리하기 시작했다.

부인은 잠시 뒤에 돌아왔다. 그러나 몹시 지치고 겁먹은 얼굴이었다. 구두는 진흙이 덕지덕지 붙어있었고 치마에도 바다 풀이 엉겨 붙어 있었다. 팔과 다리에는 여기저기 긁힌 자국들이 붉게 부어 올라 있었다. 게다가 손에는 아무것도 들고 있지 않았다.

그 날 저녁, 해리는 오빠와 어머니에게 올 여름의 첫손님과 어떤 일이 있었는지를 자세히 얘기했다. 어머니와 오빠는 웃으며 해리의 얘기를 열심히 들어주었다.

해리는 걱정이 되어 말했다.

"화석을 파는 일이 이젠 두려워져요. 모두 그런 손님들이면 어쩌죠?"

해남이가 해리의 처진 어깨를 탁 치며 말했다.

"너무 걱정하지 마, 해리야. 앞으론 그런 손님이 없기를 빌자."

어머니도 해리를 보며 격려해주듯 활짝 웃었다.

정말 그 해 여름은 즐거웠다. 화석도 매우 잘 팔렸다. 그리하여 눈 깜짝할 사이에 여름이 지나간 것 같았다.

어느 날 아침, 별장집 아가씨가 가게에 들렀다.

그리고 해리에게 수수께끼 같은 말을 했다.

"해리야. 오늘 오후에 우리 집에 놀러오지 않겠니? 너에게 꼭 보여주고 싶은 것이 있어."

부잣집 아가씨로부터 초대를 받다니 참으로 신나는 일이었다. 해리의 가슴은 마구 두근거렸다. 어머니에게 그 얘기를 하자 해리가 아가씨 댁에 가 있는 동안 해리 대신 가게를 봐 주겠다고 했다.

드디어 떠날 시간이 되었다. 해리는 호기심에 가슴 두근거리며 언덕으로 오르는 큰 길을 올라갔다.

깨끗하고 아담한 별장 둘레에는 아름다운 꽃들이 활짝

피어 있었다.

해리가 문을 두드리자 아가씨가 나왔다.

아가씨는 해리를 반갑게 맞이했다. 곧 넓은 거실로 들어갔다. 해리는 지금까지 이렇게 크고 화려한 방에는 한 번도 들어가 본 적이 없었다.

화려한 꽃무늬의 수가 놓인 커튼이며 푹신한 의자, 바닥에 깔려 있는 고급스런 돗자리. 해리는 잠시동안 한자리에 그대로 서 있었다.

아가씨는 해리를 보고 생긋 웃으며 의자에 앉으라고 권했다. 해리는 그런 의자가 처음이라서 조금 겁이 났다. 해리는 조심스럽게 의자 끝에 살짝 걸터 앉았다.

"해리야. 내 그림이 어떠니?"

해리는 태어나서 처음 보는 화려한 방의 풍경에 어리둥절해 있느라 처음엔 무엇을 보고 하는 말인지를 몰랐다.

그러다가 바로 눈앞의 벽에 걸려 있는 큰 액자를 쳐다보는 아가씨를 보았다. 거기에는 커다란 그림이 걸려 있었다. 그것은 지금까지 해리가 보아 온 그런 그림이 아니었다. 부드럽고 우아한 곡선으로 뒤얽혀 있는 아름다운 무늬였다. 그 어디서도 본 적이 없는 이상한 무늬였다.

해리는 큰 그림 앞으로 다가갔다. 그리고 찬찬히 살펴보았다. 놀랍게도 그 무늬를 이루고 있는 것은 크고 작은 수많은 손가락 돌이었다.

"어머나, 아가씨. 그럼 아가씨는 그 많은 손가락 돌로 이것을 만드셨군요! 저는 아가씨가 손가락 돌을 가져가실 때마다 손가락 돌을 다 어디에 쓰시는지 늘 궁금했어요."

해리는 그 그림을 꼼짝 않고 바라보았다. 저렇게 우아하고 아름다운 무늬를 흙 속에 묻혀 있던 돌멩이가 만들어

낼 수 있을 줄이야.

해리는 손가락 돌을 모으기 시작한 것이 잘 한 일이었다고 생각했다.

"손가락 돌이 아주 아름다운 그림이 되었네요, 정말 너무 멋있어요. 서랍 속에 가둬 두는 것보다……바닷가 진흙 속에 버려 두는 것보다 훨씬 더."

"모두 네 덕분이야. 네가 이 손가락 돌을 모아 주었기 때문에 내가 저런 그림을 만들 수 있었지. 내 부탁을 잊지 않아서 정말 고마웠다. 해리야 그동안 많이 힘들었지, 어린 꼬마 아가씨."

다음에 해리의 눈길을 끈 것은 의자 옆의 작은 탁자였다. 거기에는 조그만 '벌꿀 초콜릿' 암몬조개가 잔뜩 박혀 있는 바위가 있었다. 해리는 아가씨에게 그것을 팔았던 기억이 났다.

아가씨가 말했다.

"나는 아주 작고 귀여운 것만을 장식으로 쓰고 있어."

해리는 마음을 가다듬고 방안을 둘러보았다. 많은 종류의 화석들이 아름다운 도자기며 유리 장식과 함께 잘 간수되어 있었다. 다른 탁자 위에는 성게, 구석의 선반에는 두세 개의 고둥이, 벽의 붙박이 선반에는 불가사리가 있었다.

이렇게 잘 정리되어 있는 것을 보니 화석은 좁고 복잡한 가게 속에서 볼 때보다 훨씬 아름다웠다.

아가씨는 해리를 옆의 작은 방으로 데려갔다. 그리고 서랍이 잔뜩 달린 키가 큰 책상을 보여 주었다. 그 서랍 속에는 많은 화석들이 간직되어 있었다. 아가씨는 서랍을 일일이 열어 보였다. 모두 합치면 몇 백 개나 될 것 같은 화석이 가지런히 정돈되어 있었다.

대부분 지난 몇 년 동안 아버지가 모아온 것들이었다. 그러나 해리가 모은 것도 찾을 수 있었으므로 가슴이 뿌듯해졌다.

해리는 아버지와 자기가 힘들여 모은 화석들이 이렇게 훌륭한 집안에 소중하고 정성스럽게 보존되어 있다는 사실을 보자 어깨가 으쓱해지는 느낌이었다.

아가씨의 동생이 두 사람을 부르러 왔다.

"열렬한 돌동물 수집가 선생님들! 자, 맛있는 간식이에요."

그리고는 앞장서서 큰방으로 안내했다. 해리는 여왕이라도 된 듯한 기분이었다. 푹신한 의자도 처음이고 고급스런 도자기 잔에 신기한 맛의 차를 마셔 보는 것도 처음이었다. 게다가 별장집 아가씨들은 가난한 목수의 딸인 해리를 마치 자기들의 동생처럼 대해 주었다.

해리는 행복한 꿈을 꾸고 난 듯한 기분으로 그 집에서 나왔다.

어머니는 몹시 기다리고 있었던 듯 매우 흥분하여 해리를 맞았다.

"건축가 아저씨가 오셨었단다. 해리야, 너의 가장 크고 훌륭한 암몬조개를 사겠다고 하시더구나. 우리는 작업실을 온통 뒤졌단다. 그 분이 그 암몬조개를 간신히 찾아 냈지. 바로 저 구석에서. 너무 맘에 들어 하시더구나."

해리는 스치는 불안한 느낌에 어쩔 줄을 몰랐다. 두 사람은 해리가 가장 깊숙히 숨겨놓은 암몬조개를 찾아 낸 것이 틀림없었다. 해리가 절대로 팔지 않겠다고 마음먹은 그 완벽한 암몬조개를.

해리는 급히 구석 쪽을 돌아보았다. 역시 없었다. 앞으로 두 번 다시는 그런 암몬조개는 찾아 내지 못하리라. 해리의 눈에는 어느 새 눈물이 고여 있었다.

"해리야, 왜 그러니? 나는 네가 기뻐할 줄 알았는데."

해리는 울먹이는 목소리로 말했다.

"난 그 암몬조개를 팔지 않을 생각이었어요, 그 누구에게도. 그것은 정말 완전한 것이었거든요. 앞으로 그런 것은 다시 찾을 수 없을 거예요. 두번 다시."

어머니는 해리의 그러한 모습을 미안한 듯 바라보며 천천히 말을 꺼냈다.

"저 그런데 해리야, 그 분은 바로 그 암몬조개를 지금 짓고 있는 아름다운 집 현관 위의 아치 속에서 장식으로 쓰겠다고 하시더구나. 아주 멀리 가버리는 것도 아니고 또 보고 싶을 때는 언제든지 볼 수 있을 거야. 어떠니 해리야."

그 건축가 아저씨는 꽤 부자인 것 같았다. 아름다운 바닷가의 산보길이 내려다보이는 곳에 멋있는 집을 새로 짓고 있었다.

해리는 그 길을 자주 걸어다녔다. 그래서 보고 싶을 때면 언제든지 그 암몬조개를 찾아볼 수 있음을 깨달았다. 그리고 해리 혼자뿐 아니라 다른 사람들도 누구든지 그 암몬조개를 볼 수 있을 거라는 생각을 했다.

해리는 의자에 앉으며 말했다.

"그래요, 엄마. 전 그 암몬조개를 다시는 못 보게되는 줄 알았어요."

해리는 문득 어떤 생각을 했다. 정말 해리가 모아온 화석들은 많은 것들이 낯선 사람들에게 팔려갔다. 그래서 아주 먼 곳으로 가버리기도 했다.

그러나 아직도 마을 사람들이 해리의 가장 좋은 화석을 사 주었다. 그리고 마을의 어디를 가든지 해리의 화석이 놓인 정원, 돌담, 현관의 층계를 만날 수 있었다. 그리고 많은 집의 안방이나 선반 등에 해리의 화석이 얹혀져 있는 것을 많이 볼 수 있었다. 무척 많은 화석이 해리의 주위에 남아 있는 것이다.

해리의 작업실은 텅텅 비어갔다. 그 해의 여름 장사가 매우 잘 되었기 때문이었다.

뜻밖의 발견

드디어 여름이 끝났다. 해리는 인기척 없는 바닷가에서 혼자만의 보물을 찾아다닐 수 있게 되어 기뻤다. 쫑도 여름이 지나간 것을 즐거워하는 눈치였다. 사실 쫑하고는 많이 놀아 줄 시간이 없었다.

그러나 폭풍우가 올 때까지는 해리에게도 별 소득이 없을 것 같았다.

"이 세상에서 나쁜 날씨를 기다리는 사람이 나 말고 또 있을까?"

해리는 쿡 웃으며 혼자말로 중얼거렸다.

9월 말, 드디어 폭풍우가 몰려왔다. 가을 폭풍우 계절로 접어든 것이었다. 그러나 그것은 며칠이고 계속될 것이다. 한편으로는 해리가 화석을 주우러 바닷가에 나갈 수 없다는 것을 뜻하기도 했다.

가을의 세찬 폭풍우가 몰아치면 바람은 바닷물을 날뛰게 하여 벼랑에 부딪쳤다. 이 때의 파도는 그 어느 때보다도 높은 벼랑에까지 뛰어올랐다.

바람이 세차게 불어닥치고 높은 파도가 바닷가를 덮쳤다. 그리고 심한 폭우가 마을을 쓸고 지나갔다. 마을 사람들은 모두 기분이 울적해 있었다.

이렇게 지독한 폭풍우는 일찍이 겪은 적이 없었다고 동네 사람들은 입을 모아 말했다. 바닷가 가까운 곳은 많은 피해를 입었을 것이다.

그러나 해리는 속으로 기대하는 것이 있었다. 지금쯤은 많은 화석이 틀림없이 드러나 있을 것이다.

아버지가 했던 말이 떠올랐다.

'난 즐거이 가을 폭풍우를 기다리지.'

해리도 어느 새 아버지와 똑같은 생각을 갖게 된 것이다.

드디어 폭풍우가 가라앉고 바다가 잔잔해져 별 위험이 없어지자 해리와 쫑은 바닷가로 나갔다. 해리는 이번 폭풍우가 자기 일을 얼마나 도와 주었는지 보고 싶어 견딜 수가 없었다.

해리가 생각했던 대로 바닷가의 모습은 완전히 달라져 있었다. 언덕 위의 벼랑에 튀어나와 있던 바위 선반은 무너져 내려 이젠 흔적도 없었다.

해리는 힘이 좀 들더라도 벼랑 바로 밑에 조각조각 무너져 내린 바위 사이를 뒤져보고 싶었다. 그러나 그것이 얼마나 위험한 일인지를 잘 알고 있었다. 벼랑의 바위틈에선 아직도 물이 떨어지고 있어, 언제 어느 때 바위가 다시 무너져 내릴지 알 수 없었다.

꺼먹 바위에 가보니 깎아 세운 듯이 솟아 있던 앞쪽의 절벽 한가운데가 폭풍우에 움푹 파여 있었다.

벼랑 아래의 바닷가에는 무너져 내린 바위 조각들이 온통 흩어져 있었다. 그 곳도 또 하나의 훌륭한 화석 수집장이 될 것 같았다.

마침내 해리는 흙모래 더미에 도착했다. 그 더미는 지난해보다 훨씬 높고 더 넓게 퍼져 있었다.

해리는 흙모래 더미에 다다르기 전부터 바닷가의 여기저기에 흩어져 있는 화석도 찾았다. 그래서 해리가 흙모래 더미를 뒤지기 시작할 무렵엔 바구니가 이미 반쯤 차 있었다.

쫑도 오랜만에 해리와 함께 바닷가에 나온 것을 기뻐하

고 있는 것 같았다. 해리는 신기한 화석을 찾아 낼 때마다 기쁨의 환성을 질렀다. 그러면 옆의 쫑도 해리의 소리에 맞추어 기쁜 듯이 멍, 멍, 멍하고 짖어 대는 것이었다. 이제 쫑도 어떤 것이 좋은 화석인지 알아보는 모양이었다.

지금까지 해리의 화석 바구니가 이토록 빨리 가득 채워진 적은 없었다. 그리고 해남이가 날라줘야 할 화석 더미가 이렇게 크게 쌓인 적도 없었다.

해리의 '악어'로는 등골뼈 몇 개와 또 하나의 물갈퀴가 발견되었다. '물갈퀴'라 한 것은 수수께끼 같은 동물의 발을 과학자가 그렇게 불렀기 때문이었다.

'그 과학자가 무슨 동물인지 알아 낼 수 있을 만큼 많은 뼈를 찾아 내게 될까?'

시간이 지날수록 해리의 텅 비었던 작업실은 화석이 넘쳐 흐를 듯 쌓여 갔다.

이제 해남 오빠가 자르고 해리가 손질할 화석이 모자라는 일은 없었다. 해리가 많은 '벌꿀 초콜릿' 암몬조개를 집으로 가져왔기 때문이었다.

해리는 이제 그 암몬조개의 정확한 이름이 '방해석 암몬조개'라는 것을 알고 있었다. 그러나 해리는 그런 이름보다는 자기가 붙인 이름이 더 마음에 들었다.

해리는 자기가 모으고 있는 암몬조개의 갖가지 특징을 세밀히 관찰했다.

평평한 것이 있는가 하면 도톰한 것도 있었다. 이랑이 뚜렷한 것이 있는가 하면 완만한 것도 있었다.

나뭇잎 무늬로 아름다운 선으로 꾸며진 것도 있었고 아무 무늬도 없이 단조로운 것도 있었다. 성게와 바다나리를 비롯하여 여러 종류의 화석도 물론 발견하였다..

해리는 지금까지 본 적이 없는 새로운 화석이나 어딘가 색다르게 보이는 것을 찾아 내면 과학자를 위해 따로 보관했다.

'악어'의 뼈는 해리가 마련해 놓은 '악어의 장소'에 넘쳐 흘렀다. 등골뼈가 더욱 늘어났고 거기에 덧붙여 많은 늑골과 두 개의 물갈퀴가 더해졌다. 그 가운데서도 가장 가슴 설레게 하는 것은 뾰족하고 긴 이가 잔뜩 달린 갸름한 턱의 일부분이었다.

해리는 준을 일요일밖에 만나지 못했다. 준이 도시에 있는 학교에 다니고 있었기 때문이었다. 준은 자기 친구들과 노는 것보다도 해리와 해남이와 함께 바닷가에서 화석 찾는 일을 훨씬 좋아했다.

세 사람이 함께 갔을 때는 여느 때보다 많은 화석을 찾아 낼 수 있었다. 준은 자기가 찾아 낸 화석을 해리에게 많이 나누어 주었다.

어느 일요일, 세 사람은 오후 늦도록 흙모래 더미에서 화석을 조금밖에 찾아 내지 못했다. 그래서 다른 때보다 빨리 돌아가기로 했다.

꺼먹 바위 바로 밑에는 바위 조각이 많이 흩어져 있었다. 그 옆을 지나면서 해리는 아쉽다는 듯이 말했다.

"저 곳을 꼭 가보고 싶은데……. 그렇지만 너무 위험할 거야."

해남 오빠는 우뚝 걸음을 멈추고 벼랑을 주의 깊게 살펴보았다.

"벼랑엔 이제 물이 흐르고 있지 않아. 꼭대기의 헐거워진 바위는 이미 모두 굴러 떨어졌을 테고. 어떨까? 어쩌면 더 이상 무너져 내릴 일은 없을 것 같기도 한데 말이야. 우리 중 한 사람이 벼랑꼭대기를 망보고 있으면 나머지 두 사람이 벼랑 밑을 찾아봐도 될 것 같지?"

준이 찬성했다.

"그래, 그래도 되겠어."

준이 처음에 망을 보기로 했다. 해남이와 해리는 약간 긴장하며 벼랑 아래로 걸어갔다. 해리가 생각했던 대로 그곳에서는 훌륭한 화석을 많이 발견할 수 있었다.

그 때부터 일요일마다 바람이 심하게 불지 않고 날씨가 개인 다음이면 꺼먹 바위의 벼랑 아래의 돌무더기 속을 찾았다. 그럴 때는 세 사람 가운데 하나가 언제나 망을 보고 있었다.

준은 화석을 찾고 캐내는 일에 아주 능숙한 실력을 발휘했다. 어느 날 큰 소리로 말했다.

"나는 군인이 될 계획을 좀 바꾸면 어떨까 하는 생각이 들어. 과학자 같은 것은 어떨까?"

해리는 정말 멋진 생각이라는 듯 소리를 질렀다.

"어머나, 정말! 그러면 정말 신나는 일이겠다."

해남이는 히죽 웃으며 말했다.

"그것 참 좋겠다. 준. 그러면 날아오는 총알을 피하는 대신 떨어지는 바위를 피하는 연습을 해야겠는데."

해남이의 말에 세 사람은 웃음을 터뜨렸다.

어느 일요일, 해리는 너무 무리를 하며 바닷바람을 쐬어서인지 심한 독감에 걸려 자리에서 일어날 수가 없었다.

준도 부모님과 다른 곳에 다녀올 일이 생겼다. 해남이는 할 수 없이 혼자서 쫑을 데리고 화석을 주우러 갔다.

날이 거의 저물어 어둑어둑해질 무렵에 해남은 돌아왔다. 온몸엔 파란 석회토층의 진흙이 잔뜩 묻어 매우 지저분했다. 진흙은 얼굴에도 여기저기 묻어 있어 해리와 어머니는 해남이의 모습을 보고 막 웃어댔다. 해남은 어리둥절해 하면서도 자랑스럽게 가슴을 폈다.

어머니는 서둘러 저녁 준비를 했다. 해리는 오빠의 얼굴이 다른 때와는 다른 것을 깨달았다.

"오빠! 뭔가를 감추고 있지? 빨리 말해."

해남이는 기다리고 있었다는 듯 입가 가득한 웃음을 참으며 웃옷에서 크고 펑펑한 두개골을 꺼냈다.

그것은 해남 오빠의 팔만큼이나 길었다. 그리고 눈이었을 쯤에는 터무니없이 커다란 구멍이 뻥 뚫려 있었다. 길쭉한 턱에는 원추형의 뾰족한 이가 잔뜩 박혀 있었다.

"어머! 이건 바로 악어!"

해남 오빠는 자랑스럽게 미소지었다.

"이것을 어디서……어떻게……빨리 얘기 해 줘!"

해남 오빠는 해리가 애태우는 모습이 재미있는지 자꾸 뜸을 들이며 웃기만 했다. 어머니는 해남이가 꺼내 놓은 두개골을 깜짝 놀란 눈으로 바라보았다.

"나는 오늘 별로 화석을 발견하지 못했어. 그래서 단념하고 돌아오는 길이었어. 꺼먹 바위 아래의 벼랑 옆을 지나는데 뭔가 이상하게 보이는 것이 겉으로 나와 있었어. 나는 그것을 확인하고 싶었어. 하지만 난 혼자였지. 그런데 내가 그것을 보러 갔을 때 말 없이 망을 봐 준 것이 있었어, 누구일까?"

"쫑! 기특한 것, 바로 너였구나."

해리는 손을 뻗어 쫑을 끌어당겼다. 해남이는 쫑을 한 번 바라보고는 곧 말을 이었다.

"내 눈에 띄었던 것은 바로 기다란 턱이었어. 나는 주위의 흙이며 바위 조각을 헤쳤어. 그것들을 완전히 밀어냈더니 두개골이 고스란히 들어 있었단다. 두 개의 바위층 사이에 깊숙하고 단단하게 끼여 있었어. 혼자서는 그것을 꺼낼 수 없다는 생각이 들었어. 누군가가 도와 줄 사람이 필요했어. 바닷물을 살펴보니 약 두 시간쯤은 여유가 있을 것 같더구나. 나는 쫑에게 지키고 있으라고 일렀지. 다시 돌아왔을 때 그 자리를 금방 찾을 수 있도록 말이야. 나는 벼랑에 난 오솔길을 급히 올랐어. 그리고 언덕 꼭대기에 있는 석수 아저씨네 오두막으로 갔지. 나는 아저씨에게 두개골 파내는 일을 좀 도와 달라고 부탁드렸어. 아저씨는 아들들과 함께 쇠지렛대를 가지고 나오셨어. 우리는 급히 달려갔단다. 쫑은 1센티미터도 움직이지 않은 것 같았어. 우리는 곧 일을 시작했지. 바위는 지렛대로 움직여서 끌어낼 수 있었지. 바닷물이 차츰 밀려와 두개골을 모두 꺼내기 전에 바닷물은 우리의 복사뼈까지 올라왔어. 하지만 다행스럽게도 그 곳은 마을에서 아주 가까웠어. 그런데 해리야, 바로 우리가 두개골을 꺼냈을 때 이것이 뚝 부러지며 무엇으로부터인지 떨어져 나왔어. 아마 등뼈였을거야. 네 악어의 나머지 부분이 거기에 있을지도 몰라."

"그래! 오빠 말이 맞을 거야. 나는 지금 당장 찾으러 가고 싶어."

해리는 오빠의 말을 들으면서 자신도 그것이 악어의 나머지 부분임에 틀림없을 거라고 생각했다. 해리는 눈을 반짝였다.

어머니가 해리를 걱정스럽게 바라보며 말했다.

"하지만 해리야, 벼랑 밑은 너무 위험하지 않니. 더구나 바위를 움직이게 하는 일 같은 경우는 말이야."

해남이가 말했다.

"엄마 말씀이 맞아, 해리야. 게다가 너 혼자서는 아마 그것을 해낼 수 없을거야. 석수 아저씨 댁에 가서 나처럼 도움을 청하기도 해야 돼."

해리는 그날 밤 간신히 잠이 들었다. 내일 할 일을 생각하니 너무나 기뻤기 때문이었다.

한밤중에 거센 폭풍우가 찾아왔다. 번갯불이 까만 하늘에서 땅으로 내려꽂히듯 번쩍거렸다. 땅을 뒤흔드는 듯한

천둥이 쿵쾅거리고 드디어 장대 같은 비가 억수로 쏟아지기 시작했다. 비는 밤새도록 그칠 줄을 몰랐다.

다음 날도, 그 다음 날도, 또 그 다음 날도 여전히 그칠 줄을 몰랐다. 해리는 점점 더 초조해져서 견딜 수가 없었다.

한편, 해남이가 악어의 두개골을 발견했다는 소문이 온 마을에 퍼졌다. 그래서 거의 모든 마을 사람들이 틈을 내서 해리의 가게로 보러왔다. 그리고 그 뼈를 보고 두 눈이 휘둥그래졌다.

어떤 사람이 말했다.

"나도 우리 할아버지가 그런 두개골 이야기를 하시는 것을 들은 적은 있어. 하지만 지금까지 저런 것을 본 적은 없었어."

다른 사람들도 고개를 끄덕였다. 모두 두개골에 대한 얘기를 듣긴 했지만 직접 본 적은 없었다는 것이냐.

누군가가 말했다.

"이것이 정말 악어의 뼈일까?"

또 다른 사람이 말했다.

"옛날부터 모두들 그렇게 불렀지."

그 말을 들은 마을 사람들은 더 이상 아무 말도 하지 않

았다.

하지만 해리는 생각했다.

'그 과학자는 뭐라고 할까. 그 때까지 기다려 봐야 해.'

드디어 날씨가 개었다. 해리는 쫑을 데리고 서둘러 벼랑으로 갔다.

벼랑의 아래 부분과 그 밑의 바닷가엔 몇 톤이나 되는 바위와 흙이 무너져 내린 채 뒤덮여 있었다.

너무나 심한 비 때문에 거대한 바위마저 굴러버린 모양

이었다.

해리의 '악어'가 그 밑에 있었다고 해도 지금은 완전히 숨겨지고 말았다. 다시 폭풍우가 몰아쳐 와 무너져 내린 바위를 움직여 주기 전까지는 어찌 할 방법이 없어 보였다.

해리는 매우 낙심했다.

해리는 쫑과 함께 그 흙모래 더미에 천천히 다가갔다. 폭풍우는 해리를 실망시키기도 했지만 역시 좋은 친구도 되었다. 그 흙모래 더미에는 많은 화석들이 드러나 있기도 했던 것이다. 해리는 화석들을 모으느라 묻혀 버린 '악어'에 대한 일은 잠시 잊어버렸다.

그 뒤에 여러 주일에 걸친 화석 모으는 일은 아무 일 없이 지나갔다. 해리의 작업실엔 또 다시 멋있는 화석들로 가득 채워져갔다.

해남이는 작업실 벽에다 선빈을 여러 개 더 내어주었다. 맨 윗단에는 해리의 가장 소중한 '악어'의 두개골을 얹어 놓았다. 그것은 해리의 가게에 들르는 모든 사람들에게 놀라움의 대상이 되었다.

'내가 나머지 뼈를 완전히 찾아 낼 수 있을까?'

해리의 머리 속은 언제나 이 생각뿐이었다.

공룡 화석 탐험

다시 폭풍이 몰아쳤다. 이번에는 세찬 바람뿐 비는 거의 내리지 않았다.

일 주일 동안이나 강한 바람이 온 마을을 휘돌았다. 바다의 파도도 그 어느 때보다 높이 그리고 세차게 바닷가를 철썩거렸다.

해리는 내심으론 무척 기뻤다.

'이번에는 틀림없이 벼랑 아래의 무너져 내린 바위를 밀어내 줄 거야.'

바람의 세기가 좀 잔잔해지자 해리는 곧 쫑을 데리고 바닷가로 떠났다. 아직은 마을이 깨어나기 전인 새벽녘이었다. 해리는 콧노래를 흥얼거렸다. 벼랑 아래의 무너진 바위는 정말 바다 쪽으로 깨끗이 밀려 내려가 있었다. 그리고 울퉁불퉁했던 비탈면은 쓸어버린 듯이 말끔했다. 벼랑 끝의 바위 선반은 단단하게 박혀 있어 무너질 것 같지는 않았다.

멀리서 보아도 등뼈의 일부를 알아볼 수 있었다.

바닷물은 정말 해리의 좋은 친구 역할을 다 해 준 것이었다. 해리는 쫑을 등뼈 바로 옆의 자리에 앉도록 했다.

그 다음 해리는 벼랑의 오솔길을 급히 달려 올라 마을로 돌아왔다. 그리고 석수 아저씨 오두막으로 뛰어갔다. 아저씨와 그 아들들은 이제 막 일하러 나가는 참이었다. 해리는 숨이 헉헉 차 올라 좀처럼 말을 제대로 하기가 힘들었다.

"저, 아저씨, 찾았어요……악어의 나머지……등뼈를……저기 벼랑에요. 하지만 너무 커서……저 혼자서는 그걸 꺼낼 수가 없어요. 돈을 드릴게요. 제발 아저씨와 아드님들이 그것을 좀 꺼내 주실 수 있겠어요?"

석수 아저씨는 고개를 끄덕였다. 해리는 잠시 쉬었다 말했다.

"사람이 더 필요할 거예요."

석수 아저씨는 한 아들에게 도와 줄만한 사람을 모아 오라고 시켰다. 그리고 남아 있는 아들에게 벼랑 꼭대기에

남아 있는 바위가 떨어질 염려가 없는지 일을 시작하기 전에 살펴보고 오라고 일렀다.

그런 다음 석수 아저씨는 망치며 쇠지렛대 등등을 있는 대로 찾아 들고 해리와 함께 벼랑 아래로 내려갔다.

충실하고 영리한 쫑은 해리가 일러 놓은 곳에서 꼼짝 않고 앉아 있었다.

얼마 뒤, 석수 아저씨와 그 아들들 그리고 도와주기 위해 온 마을 사람 몇몇이 그 등뼈를 파내기 시작했다.

해리는 모두에게 부탁했다.

"부디 뼈를 조심해 주세요, 뼈는 조금만 건드려도 매우 쉽게 부서지거든요."

아저씨들은 뼈를 꺼내느라 아무 말도 하지 않았지만 알았다는 듯 고개를 끄덕였다.

아저씨들은 신속하게, 그러면서도 조심스럽게 작업을 계속했다. 해리가 직접 한다 해도 그 이상 조심스럽게 할 수는 없을 것 같았다.

해리가 악어의 등뼈를 찾았다는 소문은 삽시간에 온 마을로 퍼졌다. 그래서 올 수 있는 사람들은 모두 모여서 그 작업을 구경하고 있었다.

석수 아저씨는 등뼈 위의 바위층을 조금씩 벗겨갔다.

잠시 후 석수 아저씨는 큰 소리로 외쳤다.

"등뼈가 모두 여기에 그대로 남아 있어!"

조금 후엔 또 다른 사람이 외쳤다.

"늑골이 보여……어! 굉장히 많은 늑골이다!"

2, 3분 지나자 다른 쪽에서 또 외쳤다.

"두 개의 발이야! 앞발 같아."

놀라움의 소리는 계속 터져 나왔다.

"여기도 두 개의 다리가……그런데 앞발보다 훨씬 작아!"

바닷가에 모여서 그 광경을 바라보고 있는 사람들은 그것을 빨리 직접 보고 싶어 견딜 수 없었지만 잠시 참아야 되었다.

뼈는 매우 큰 바위에 묻혀 있었기 때문에 한꺼번에 모두 들어 낼 수가 없었다. 사람들은 바위를 몇 개로 나누어서 꺼내기로 했다. 악어의 뼈는 하나씩 하나씩 커다란 바위로부터 떼어져 해리의 앞에 놓여졌다.

이윽고 커다란 바위의 뼈는 하나도 남김없이 해리의 앞에 놓여졌다. 해리는 아저씨들의 도움을 받아서 뼈를 본래의 위치대로 늘어놓았다. 그것은 해리의 키보다 훨씬 길었다.

모두 한동안 넋을 잃고 그 이상한 동물의 뼈를 숨죽이고 지켜보았다.

누가 처음 말했듯이 앞쪽 물갈퀴 같은 것이 뒤쪽의 것보다 훨씬 컸다. 그리고 등뼈의 끝이 있었던 바위에는 상어의 꼬리지느러미 같은 자국이 나 있었다.

"이것은 물갈퀴도 있고 꼬리지느러미도 있는 동물이었

나본데?"

마을 사람들은 연신 감탄하며 수군거렸다.

"정말 괴상한 악어로군!"

"머리 쪽은 악어 같은데……하지만 아무리 보아도 몸은 악어가 아니야!"

해리는 아무 말도 하지 않고 곰곰히 생각에 잠겼다.

해리는 이제 뚜렷이 알 수 있었다. 그 과학자가 지난 번에 예상하고 있었듯이 이것은 악어가 아니었다. 아무리 보아도 악어일 리가 없었다. 해리는 과학자에게 빨리 이 사실을 알려야겠다고 생각했다.

사람들은 그 뼈를 나르는 일을 도와 주었다. 해리와 쫑은 사람들의 맨 앞에 서서 신나게 마을로 돌아왔다. 쫑도 기쁘다는 듯 해리의 앞을 어지럽게 뛰었다.

이것은 마을 사람들에게도 기쁜 일이었다. 오랫동안 소문으로만 들어오던 그 악어를 이젠 직접 발견한 것이었다. 모두 입을 모아 말했다.

"우리 마을이 유명해지겠지. 사람들이 몰려오고. 해리는 이름을 날리겠구나!"

기쁨에 넘친 사람들의 행렬이 해리의 작업실로 향했다. 어머니가 깜짝 놀라 문 앞으로 나왔다. 어머니는 반가운

목소리로 말했다.

"어찌 된 일이니, 해리야, 악어의 몸뼈를 발견했다는 얘기는 들었지만 이렇게 사람들이 잔뜩 몰려 올 줄은 생각도 못했구나."

몸뼈가 묻혀 있는 바위 조각은 잇따라 날라져와 작업실 바닥에 놓였다. 그리고 조각 그림을 맞추듯 뼈를 본디대로 맞추어 놓았다.

누군가가 작업실 선반에 놓여 있던 머리뼈를 내려서 거기에 맞춰 놓았다. 머리에서 꼬리까지 완전하게 연결된 뼈는 너무 커서 작업실 바닥에 모두 놓기 어려울 정도였다.

그런 다음 또 한 사람이 머리에서 꼬리 끝까지 재어 보았다. 길이는 4미터나 되었다.

그 날은 하루 종일 오랜 옛날에 살았던 이상한 괴물의 뼈를 구경하기 위해 많은 사람들이 계속 드나들었다.

그 날 그 뼈를 가장 마지막 본 사람은 우습게도 해남이였다. 해남이는 그 뼈를 보고 감탄하며 깜짝 놀랐다. 해리는 그 날 있었던 일들을 남김없이 오빠에게 이야기했다. 그리고 매우 미안한 듯 말했다.

"하지만 오빠. 정말은 오빠가 제일 먼저 발견했는데 사람들은 다 내가 발견한 줄 알아."

해남 오빠가 해리의 어깨를 두드리며 말했다.

"아니야, 내가 아니야 해리야, 모두 네가 처음 시작한 일이었잖아. 만일 네가 화석 파는 장사를 하지 않았다면 나는 화석을 찾으러 가지도 않았을거야. 어느 날 바닷가에서 내가 너에게 한 말 기억하고 있니? 너는 화석으로 유명해질 거라고."

"하지만 그건 오빠가 날 놀리느라고 한 말이었잖아. 아니야, 오빠?"

"그랬지. 그렇지만 그 과학자와 그의 동료들이 이 뼈를 보기만 하면 너는 그 때부터 틀림없이 유명해질 거야. 온 세상 사람들이 너를 보러 올지도 모르지."

해리는 믿을 수 없다는 듯이 말했다.

"나 같은 조그만 여자아이가 그렇게 유명해질 리가 없어."

그 날 밤, 해리는 잠자리에 들기 전 과학자에게 편지를 썼다.

유명해진 해리

해남 오빠의 말은 옳았다.

옛날의 괴물이 발견되었다는 소문은 마을 밖으로 퍼져 전국의 신문에까지 실렸다. 해리는 전국에 이름을 날렸다.

화가 아저씨는 이웃 지방을 방문하고 있다가 이틀 뒤 도시에서 들어오는 차를 타고 돌아왔다.

차가 완전히 멎기도 전에 벌써 뛰어내렸지만 해리는 별로 놀라지 않았다. 신문에 난 해리의 소식을 읽었음에 틀림없다고 생각했기 때문이었다.

화가 아저씨가 급히 해리의 가게로 뛰어올라왔을 때 해리는 생글생글 웃으며 문 앞에 서 있었다.

화가 아저씨는 신이 나서 큰 소리로 말했다.

"여, 해리! 그것을 찾아 냈다지!"

그는 곧 작업실 바닥에 길게 누워 있는 거대한 뼈를 보았다.

"정말, 굉장한 놈이로군!"

화가 아저씨는 뼈에 가까이 다가가 들여다보았다. 그리고 골똘히 무엇을 생각하더니 심각한 목소리로 말했다.

"과학자들이 악어가 아닐 거라고 생각한 것도 무리는 아니군……. 발이 이렇게 생겼고 물고기처럼 꼬리 지느러미까지 있으니. 그렇다면 이것은……?"

해리가 말했다.

"그 과학자 박사님께 편지를 썼어요. 곧 이것을 보러 오실 거예요."

"그런데 해리야! 조사가 끝나면 이 괴물은 나에게 넘겨주는 거지?"

화가 아저씨는 해리에게 미소짓는 얼굴로 눈을 찡긋해 보였다.

"그럼요, 아저씨."

서울의 국립박물관에서 즉시 그 과학자가 동료들을 데리고 바닷가 마을의 해리네 가게에 왔다.

과학자들은 해리의 수고와 신기한 발견을 진심으로 칭찬했다. 그들은 뼈 하나하나를 아주 세밀하게 살펴보기도 하고 만지기도 했다. 그리고 박물관에 돌아가 연구할 수 있도록 정확하게 그림을 그렸다.

과학자는 조사를 충분히 했는지 해리를 돌아보며 말했다.

"내가 생각했던 대로 이것은 악어가 아니야, 해리야, 커다란 물고기와 비슷한 파충류였던 것 같다. 꼬리 지느러미가 있으니 물고기처럼 헤엄칠 수도 있었을 테지. 발은…… 아니, 이건 오히려 지느러미라고 하는 편이 낫겠군. 이것은 피부로 뒤덮여있어 물갈퀴 같았을 거야. 그것이 몸의 균형을 잡는 역할을 했겠지만 물고기와 달리 폐가 있어서 공기를 마셨던 모양이야. 이것은 정말 눈부신 발견이야, 해리. 지금까지 이런 동물이 존재했었다는 사실은 한 번도 알려진 적이 없었단다. 이 동물에는 아주 새로운 이름을 붙여줘야겠다. 어떤 이름을 붙일지 결정되면 알려 주마. 그리고 온 세계의 과학자들이 이 놀라운 발견을 알게 될거다. 바로 작은 바닷가의 홍해리라는 열두 살 난 소녀에 의해 이루어졌다는 사실도 말이야."

해리는 온 세계의 과학자들에게 자기의 이름이 알려지는 명예를 얻는다고 생각하자 매우 자랑스러운 기분이 들었다.

그러나 훌륭한 과학자들 앞에서 그런 말을 들으니 몹시 부끄러워 얼굴이 빨개졌다.

해리는 뭐라고 대꾸를 해야 좋을지 알 수 없었다.

과학자는 계속 말을 이었다.

"이처럼 이상한 동물이 오랜 옛날에 살았었다면 또 발견할 수 있을 거야. 해리야, 앞으로도 계속 찾아 주겠니?"

그런 대답이라면 얼마든지 신나게 할 수 있었다.

해리는 활짝 웃으며 대답했다.

"그러겠어요, 화석 박사님. 얼마든지요."

과학자는 그런 해리를 대견한 듯 바라보며 미소지었다.

"그리고 앞으론 해리야, 어떤 새로운 동물의 흔적을 발견하거든 맨 먼저 나에게 알려 줘야 한다."

해리는 반드시 그러겠다고 약속했다.

과학자는 이어서 해리가 특별히 따로 간직했던 화석 더미를 찬찬히 살펴보았다.

모두 과학자의 흥미를 매우 유발시킨 듯 쉴 새없이 감탄사를 연발했다. 과학자와 그의 동료들은 그것들을 모두 사 가지고 서울로 돌아갔다.

그 날 밤 화가 아저씨가 찾아왔다. 그는 새로 발견한 그 파충류를 가져가도 되느냐고 물었다. 그리고 화가 아저씨는 해리에게 1,000만원이라는 엄청난 값을 치렀다.

해리는 그 돈을 받고 깜짝 놀랐다. 왜냐하면 그만한 돈을 벌려면 해리네 세 식구가 몇 달이나 계속 일을 해야만 얻을 수 있는 돈이었기 때문이다. 어머니와 오빠가 얼마나 기뻐할까!

그 날 저녁식사 시간엔 모두 들떠 있었다.

해남 오빠가 말했다.

"해리야, 나도 이제 지금 하는 일을 그만두고 쭉 너의 일을 도와도 될 것 같은데."

"어머나, 오빠. 그렇게 되면 정말 좋겠다!"

해리는 자리에서 발딱 일어서며 소리쳤다.

어머니는 도저히 믿을 수 없다는 듯 고개를 저으며 말했다.

"나는 돌을 주워다 파는 것이 이렇게 장사가 될 줄은 꿈에도 생각한 적이 없었단다. 게다가 오늘과 같은 일이 일어날 줄은……."

과학자로부터 그 새로운 파충류 화석에 바다의 공룡 '이크티오사우르스' 라는 이름이 붙여졌다고 해리에게 알려 왔다. 그것은 해리가 생각하기에 무척 길고 어려운 발음이었으나, 그리이스 말로 '물고기같은 파충류' 라는 뜻을 가진 것이라고 설명도 덧붙였다. '이크티오 사우르스'라고 띄어서 발음하면 쉽다는 것도 알려 주었다.

화가 아저씨가 사간 이크티오사우르스는 도시의 작은 박물관에 진열되어 있고 많은 사람들의 눈길을 끌고 있다는 소식도 전했다.

놀라운 발견을 했다고, 많은 사람들이 바닷가의 작은 마을에까지 어린 여자아이를 만나러 오는데 해리는 당황했다. 기쁘기도 했지만 부끄럽기도 했던 것이다.

해리는 그런 사람들보다는 오히려 가게에 들러 해리가 모아 놓은 화석을 사기도 하고 때때론 함께 찾으러 가는 것을 좋아하던 유명한 과학자들에게 훨씬 관심이 많았다. 그리고 먼 곳에 있는 과학자들은 해리에게 색다른 화석을 좀 보내 주기 바란다는 편지를 보내기도 했다.

어느 날, 멀리 독일이라는 나라의 과학자로부터 해리에게 한 통의 편지가 왔다.

그 날 밤 해남이는 매우 자랑스러운 듯 들뜬 목소리로 말했다.

"넌 정말 자랑스런 동생이야. 네가 얼마나 유명해졌으면 독일 같은 먼 나라에서도 편지가 오겠니. 우리 귀여운 해리."

해남 오빠는 아버지의 흉내를 내어 해리의 이름을 불렀다. 어머니와 해리는 순간 깜짝 놀랐다. 아버지가 세상을 떠난 뒤로 그렇게 다정하게 부르는 소리는 까맣게 잊고 있었기 때문이었다.

'아빠가 살아 계시다면 틀림없이 나를 아주 자랑스럽고 기특하게 생각하셨을 거야. 이런 훌륭한 일을 가르쳐주신 아빠! 정말 뭐라고 감사를 드려야 할까요?'

앞으로 얼마나 더 놀라운 일이 기다리고 있을까.

해리는 앞으로의 기대로 가슴이 부풀었다.

"오빠, 그 파란 석회토층의 벼랑 속에는 아직도 얼마나 많은, 그리고 놀라운 화석이 숨겨져 있을까? 내가 발견한 그 가장 큰 등골뼈 보았지? 그 뼈는 이크티오사우르스의 그 어느 등골뼈보다도 훨씬 크잖아. 그러니 앞으로 그 보다 더 큰 동물을 찾아 낼 수도 있을 거야."

해리는 꿈을 꾸듯 허공을 뚫어지게 바라보았다.

그리고 흥분한 빠른 목소리로 덧붙였다.

"그리고 오빠, 나는 언젠가는 반드시 그 아름다운 금빛 고둥을 다시 찾아내고 말 거야!"

그 때 쫑이 해리의 목소리를 듣고 해리 옆으로 다가와서 무릎에 앞발을 올려놓고 꼬리를 흔들었다.

해리는 쫑의 얼굴에다 자기의 얼굴을 비비며 말했다.

"미안, 쫑. 네가 있었지! 그래, 너와 둘이서 그 금빛 고둥을 찾아내는 거야!"

공룡화석 대탐험

2010년 7월 5일 인쇄
2010년 7월 10일 발행
엮은이 대한과학진흥회
펴낸이 신 주 황
펴낸곳 스완미디어
등록 제2-4534호
주소 중구 만리동2가 12-33 태영빌딩
대표전화 02) 393-0026
팩스 02) 312-8349

ISBN 978-89-92565-18-9

값 8,500원
※ 잘못 만들어진 책은 구입하신 곳에서 바꾸어 드립니다